U0635579

第三章

二胎家庭，如何养好两个娃

第四章

离婚、再婚家庭可以教育好孩子吗

目录 CONTENTS

们的家庭情况真实地呈现出来的时候，家长们才意识到原来不是孩子的问题，而是自己的问题。所以，家长们要先改变自己，然后通过自己的改变来影响孩子，从而让孩子变得更好。

最后，真诚地希望本书能够唤醒更多的妈妈，让她们在养育中有觉知，善反思，能改变。祝愿每一位妈妈都能更加科学而轻松地养育出更棒的孩子！

向善的方向发展，就像花儿在灿烂的阳光下绽放。每当看到那种自然的、纯真的笑容重新出现在孩子稚嫩的脸庞上时，我更加坚信，这才是每一个孩子应该有的生命状态。不论孩子现在怎么样，只要妈妈们愿意，我们都可以通过自己的转变影响他们。

　　本书将带领大家走进心理咨询室，了解那些走进咨询室的妈妈们在养育方面遇到的问题（文中所呈现的案例均为化名）。同时，在本书中，我还特意加了几个来到咨询室的爸爸以及夫妻同来的案例，从多种视角进行分析，可以让我们对家庭教育和妈妈的作用认识得更加全面而完整。

　　书中每一小节都是从真实的案例引入，像一个故事。从这个故事中，我们可以像侦探那样去观察每一位来访者。在对每一个案例进行深入的分析之后，我会给大家推荐一些解决这类问题的方法。

　　通过这些真实的案例，大家可以看到其实很多来到咨询室的家长本来是想解决孩子存在的问题的，可是当我将他他内心的伤痛才是关键。

　　这件事引起了我对孩子心理健康的关注，于是我开始系统地学习心理学专业知识，并在工作中加以应用。我惊喜地发现，以前很多我根本无法解决的问题，现在通过专业的心理学方法可以解决了。通过实践中的观察与感悟，我发现对小学生而言，妈妈的爱特别重要，然而遗憾的是，很多妈妈并不知道应该怎样教育孩子。虽然她们很爱孩子，可是却用了错误的方法，致使孩子出现各种各样的行为偏差以及学习中的问题。

　　我和同事们开始努力用各种方法向家长，尤其是妈妈们传播家庭教育的理念和方法。可喜的是，通过我们的努力，越来越多的妈妈开始学习，开始转变教育观念。而一个个真实的案例告诉我们，只要妈妈转变了，很快就能影响孩子发生好的转变。我多次看到，曾经被医院诊断为精神行为异常的孩子、离家出走的孩子、情绪爆发要跳楼的孩子，在妈妈转变后，变得越来越自信、乐观，喜欢与人交流，朝着向上纪竟然有这样不幸的遭遇！我决定今后多给这个孩子一些关爱，希望他能够转变。之后，我每天早读的时候都会去他们班看看他，和他说几句话。下午放学后，我邀请他到我办公室来，给他补课，但是他经常偷偷跑掉。过节的时候，我会买很多好吃的零食，并写了贺卡，在他们班的庆祝会上，当着全班同学的面送给他并表达对他的喜爱……就这样，我努力了一个学年，也挣扎了一个学年。因为在我付出努力的过程中，我几乎看不到什么明显的效果。唯一的改变是他能够抬起头来，看着我的眼睛和我说话了。

我知道我没有找到打开他心门的钥匙。在他内心有一道很深很深的伤，那道伤像一道鸿沟，阻挡了他与其他人、与这个世界的联结。他被困在那里，没有办法出来，别人也没有办法进去。

从这个孩子身上，我才看到，原来教育孩子不是研究好教学方法、上好课，也不是我们平常意义上讲的关心孩子、多给孩子讲道理就行的。对于这个小生命来说，要先治愈好怎么办，就来找我。

　　我自信地对吴老师说："多鼓励孩子，多爱孩子啊，这种孩子最缺爱了。"吴老师苦着脸说："校长，这些方法都试过了，没有用啊！实在没办法了！"

　　真的都用了吗？我有点犯嘀咕，强忍着疑虑和猜测，继续问道："如果孩子没有智力上的问题，那他成长过程中发生过什么特殊的事情吗？"吴老师听我这样一问，抿了一下嘴唇，身体忙向我跟前凑了凑，压低声音说："这个孩子，在他很小的时候，曾经亲眼见到他父母争吵，他爸爸一时冲动杀死了他的妈妈。后来他爸爸被判了刑，现在还在监狱里呢。从此，他只能跟着他大伯生活。可是他大伯还有自己的孩子要养，每天还要照顾八十多岁的老母亲，根本没时间管他。只能把他放在托管班里，托管班的老师主要负责他的安全和饮食，别的也管不了啊！"

　　听了这番话，我感到很震惊！从事教育工作这么多年，还是第一次听到这样的事！我十分心疼这个孩子，小小年

　　我从事教育工作二十多年，在获得教育部授予的"全国优秀教师"和"全国优秀德育课教师"的荣誉称号之后，曾以为我的教育教学水平已经够得上"全国优秀"了。

　　可是，一个男孩的出现，彻底击碎了深藏于我内心深处的自负。

　　那时的我刚调任到一所学校当副校长。学校里一个男孩的情况引起了我的注意。这个孩子长得很瘦小，面对他人的时候，总是低着头，眼神涣散而闪躲，说话声音特别小，嘴巴几乎不怎么张开，常常听不清楚他在说些什么，衣服和头发也脏兮兮的。据他的班主任吴老师说，他表现很差，作业整天胡乱写，上课也不认真听讲。班上的老师为了提高他的成绩，各种办法都用了，可是没什么作用。吴老师不知道该

妈妈的解忧杂货铺

晋小棠 —— 著

24个
养育难题
的解决方案

江西人民出版社
Jiangxi People's Publishing House
全国百佳出版社

图书在版编目（CIP）数据

妈妈的解忧杂货铺：24个养育难题的解决方案 / 晋
小棠著. -- 南昌：江西人民出版社，2020.11
ISBN 978-7-210-12545-7

Ⅰ．①妈… Ⅱ．①晋… Ⅲ．①家庭教育－教育心理学
Ⅳ.①G78

中国版本图书馆CIP数据核字(2020)第217746号

妈妈的解忧杂货铺：24个养育难题的解决方案

晋小棠 / 著

责任编辑 / 冯雪松

出版发行 / 江西人民出版社

印刷 / 天宇万达印刷有限公司

版次 / 2020年11月第1版

2020年11月第1次印刷

880毫米×1230毫米　1/32　7.5印张

字数 / 110千字

ISBN 978-7-210-12545-7

定价 / 48.00元

赣版权登字-01-2020-472

如有质量问题，请寄回印厂调换。联系电话:0318-5302229

第一章

别人眼中的强势妈妈

MAMA

DE

JIEYOU

ZAHUOPU

在工作中，我遇到很多妈妈强势且焦虑，这些妈妈很喜欢控制孩子，不相信孩子能做好自己的事情，所以替孩子做了很多主。

我很能体谅妈妈们在现实生活中的难处，很多妈妈不仅要努力工作、干好家务、照顾孩子吃喝拉撒以及学习，还要面对夫妻关系的压力、工作压力、父母的身体健康等问题。在这种情况下，如果家人不能充分地体谅并给予良好的支持，随着孩子一天天长大及青春期的到来，很多妈妈会越发感到心力交瘁。长期处于这样的多重压力下，任何人都很难做到既能对孩子和颜悦色，又能时刻运用良好的教育方法。我本身也是一位妈妈，因此深深地理解每一位妈妈的不容易。

但是强势地对待孩子，大喊大叫、过度控制是不可能教育出好孩子的。通过下面几个真实的案例，妈妈们可以清楚地看到这一点。其实，在强势妈妈外在的"强"之下，常常隐藏着内心深处的"脆弱和伤痛"。所以妈妈们可否关照一下自己内在的这个部分，把爱先给自己呢？

我不知道该怎么办

　　下午三点的咨询，芳芳妈妈如约而至。这是一个高瘦的女人，两眉间深深的川字纹无言地诉说着她心中的诸多烦恼。

　　进入咨询室，落座之后，我先给她倒了一杯热茶，微笑着邀请她说明来意。芳芳妈妈一直皱着眉头，这应该是她经常做的细微动作，那眉间的皱纹就是在这样的习惯性动作中逐渐形成的。

　　她声音有些沙哑，语气急躁："老师，我孩子不好好学习，现在才四年级，数学成绩特别差，让她多学一点她都不愿意。我不知道应该怎么办。"还没有等我张嘴说话，芳芳妈妈又连珠炮似的讲起来："上个学期的时候吧，我给她买了五套真题试卷，有时候，她写完学校作业，时间还早，我说：'做一张卷子吧。'可是她说：'这又不是老师布置的，我不做！'我跟她说了很多次，可是一个学期下来，她想尽各种理由就是不写，到最后竟然真的一张也没有做过！气得我常常忍不住就对她大喊大叫。我老公说我很强势，孩子有点怕我。后来我听了您讲的课，知道这样做不对，我不对她喊叫了。这个学期，我没有给她买卷子，可是我觉得这样也不行啊！我现在真不知道应该怎么教育她了。轻不得、重不得，左右为难……"

整个叙述过程，芳芳妈妈的语速很快，这种焦虑情绪所产生的负面能量在咨询室很快蔓延开来，我感觉心口发紧，太阳穴疼。

我快速地调整好自己的状态，并把我听话的感受反馈给她，请她把语速放慢一点。她"嗯"了一声，她的眉头仍拧在一起，面部表情越发凝重："老师，我确实很着急啊！现在中考政策变化了，将近一半的孩子都考不上高中，我咋能不急呢？她已经四年级了，很快就要上中学了，要是考不上好中学，将来上不了好高中，那就上不了好大学，就找不到好工作，这可咋办呢……"这一连串话语中传递的焦虑能量像疾风一样再次扑面而来……

芳芳妈妈的语速仍然很快，而且一打开话匣子就很难合上。我已经了解了基本情况，因此请她暂停一下，先喝点水，平缓一下激动的情绪。

"我刚才听到您讲，现在和孩子在一起比较小心翼翼，害怕起冲突。您这样的做法是在尽力避免矛盾，我想知道这种回避会使您对孩子的爱也难以展现出来吗？"听到这句话，芳芳妈妈好像一下子从她自己的情绪中抽离了出来，只见她眼睛一亮，猛拍了一下腿，仿佛顿悟般狠狠地点了一下头："是啊！老师，我现在对孩子就是小心翼翼的，不敢骂了，也不会爱了。尽量和她少说话，我害怕和她说得多了，又控制不住自己的脾气……"

个案分析

在这个案例中，我们看到了一个焦虑得有些不知所措的强势妈妈。这位妈妈在学习了一些家庭教育的方法之后，能够对自己以前错误的养育行为有所觉察，这是让我非常欣赏和肯定的。

但伴随着这种觉察，又引发了新的问题：这位妈妈不知道应该怎样对待自己的孩子了，进退两难，拿捏不好分寸。

在这份小心翼翼的不知所措中，我看到了妈妈进退两难，她在努力克制自己的情绪，把尖锐的一面藏起来。但是，这样一来，妈妈对孩子的爱就没法展现出来了，亲子关系变得更加疏远。孩子如果感受不到妈妈的爱，就会出现更多的行为问题。这使得妈妈和孩子目前的互动形成了不良循环，怪不得妈妈会焦虑呢。

这样的妈妈在咨询室里经常能够见到，具有一定的代表性。芳芳妈妈目前遇到的情况，就像明明知道以前经常走的老路行不通了，却还没有找到新的路在哪里。

学到什么

妈妈在教育孩子的时候会使用不同的教养方式。归纳起来，控制型和放任型是妈妈最常用的两种方式。什么是控制型和放任型呢？我们可以通过以下表格中的内容来了解。

教养类型	具体表现
控制型	你要听我的，我要你怎么做，你就要怎么做，一切由我来安排
放任型	你想怎么做就怎么做，随你的性子来，你高兴就行

通过上表我们可以看出这两种不同教养类型的特点。现实中，单纯地使用控制型或放任型的妈妈占少数，多数妈妈的教养方式是在控制型和放任型之间摇摆。比如，妈妈在养育过程中，会在很多方面控制孩子，不敢给孩子自由。因为很多妈妈认为"我家孩子自律性差，如果我不给他说该做什么，他自己做不了"。采用控制型教养方式的妈妈在看到

孩子有不良行为时，常会以指责的方式指出孩子的缺点和错误，有时候，由于妈妈没有处理好内在情绪，则显得过于控制和严厉了，甚至会打孩子。

在这样过度控制地对待孩子之后，妈妈常常又会觉得对不起孩子，心里感到内疚和懊悔：刚才那样批评、打骂孩子是不是有点过分了？于是，转过来又开始放任孩子：孩子还小，想怎么样就怎么样吧，也不要管得太紧了。妈妈似乎想用这种方式弥补之前过度控制对孩子造成的伤害，以及减少自己内心的愧疚。

可是好景不长，对孩子放任没多久，看到孩子犯错误后，妈妈又隐隐地觉得把孩子放得太开了，不由得开始担心：这样下去不行吧？这样放任下去怎么可以？于是，又忍不住控制起孩子来。

你可以想象在脑海中有这样一幅画：控制型教养方式和放任型教养方式就像钟摆的两端，很多妈妈就在这两端之间来回摇摆，只是每个妈妈摇摆的幅度不同罢了。在这样的摇摆中，妈妈的内心是混乱慌张的，孩子也是不安的："妈妈变来变去的。同样都是做错数学题，妈妈昨天和颜悦色地说'没关系，慢慢来，多验算一下'，可是今天妈妈就大发雷霆，吓人得很。"妈妈和孩子在这种钟摆般的互动中，上演各自的内心戏，能量被白白地消耗掉，彼此都无法专注地做自己的事。

还有很多家庭是，父母双方各在钟摆的一端，各自采用不同的教养方式。在很多家庭里，主要是妈妈在管理孩子的学习和生活，很多妈妈会采用控制型的养育方式。爸爸比较忙，管孩子的机会少，偶尔带一下孩子，也不清楚学校都有哪些具体的要求，因此面对孩子时，亲还亲不够呢，哪里还舍得批评，通常就会采用放任型的教养方式。

爸爸妈妈的管理方式不一致、规则不统一，容易使孩子无所适从，有时孩子还会钻空子，慢慢变得很难管教。如果是三代同堂，和爷爷奶奶住在一起，那情况就更加复杂了。

上面的情况在很多家庭中普遍出现，而这些方法难以教育出好孩子。那么，我们有没有更好的办法呢？

简·尼尔森博士在《正面管教》一书中，倡导了一种和善而坚定的教育方法，这是在控制和放任之外的第三种选择。妈妈以和善的方式和孩子沟通，充分尊重孩子的选择。但是在面对原则性问题时，要坚定地说"不"。在信任与尊重的前提下，同时给孩子规矩和自由，让孩子适度做选择。

下面，我们以案例中妈妈让孩子做真题卷一事为例，看一看不同类型的妈妈具体会怎么做。

第一种：控制型妈妈会怎么做

控制型的妈妈会采用命令式的语气，加上强势的身体语言，有时还会采取威胁、利诱的方式，要求孩子把学校作业写完后，再做一张真题卷。

在孩子青春期到来之前，控制型妈妈的这一套方法通常是管用的。大多数孩子虽然磨磨蹭蹭、极不情愿，但还是会乖乖听话地写。少数孩子会硬扛着不写，然后激起妈妈更大的愤怒，家里随后可能会传来鸡飞狗跳般的叫喊声。

这套控制方法，在孩子进入青春期之后，将逐渐失效，并成为引发亲子冲突的重要原因。

第二种：放任型妈妈会怎么做

这种类型的妈妈如果想让孩子写一张卷子，会轻描淡写地提一句："今天时间还早，写一张卷子吧？"孩子闻听此言，会使出自己的手段：耍赖、纠缠、撒娇等。妈妈难以坚持，轻易妥协：算了，算了，孩子不想写就不写吧，也没什么大不了的。妈妈给孩子很大的自由，可是没有规矩和边界。

控制型妈妈控制孩子，放任型妈妈被孩子控制。这两种类型都不利于培养出身心健康的孩子。

第三种：和善而坚定型的妈妈会怎么做

这种类型的妈妈会在买卷子之前充分尊重孩子的意见，在和孩子充分沟通之后再根据情况买一些练习卷。然后，以民主的方式和孩子交流，制定规则：在怎样的情况下可以做，什么样的情况下可以不做，重点训练哪些内容，等等。

这样，所有的规则制定好之后，就按照规则来执行。当孩子出现不想写妈妈布置的作业时，妈妈会充分倾听孩子的意见，了解孩子不想写的理由。如果理由确实成立，可以酌情处理。如果理由是孩子强词夺理、懒惰，那就可以先和孩子共情，表示自己理解他的心情也看到了他的情绪。然后运用之前制定的规则，告诉孩子既然制定了规则，就要坚定执行。如果不行，就按照规则进行惩罚，让孩子自己承担错误行为的后果。

第一次这样做的时候，很多妈妈容易在需要坚定立场的时候动摇和犹豫，因为孩子通常会用哭闹、撒娇的方式试探妈妈的底线。

在这种情况下，妈妈要注意在孩子哭闹的时候以和善、稳定的情绪状态陪伴在孩子身边，让孩子感受到妈妈的爱和坚定。不行就是不行，哭闹也没有用。孩子这样试探过几次之后，知道了妈妈做事的风格和底线，明白哭闹无济于事之后，就会逐渐自觉地执行规则。

在这里，特别强调的是首先一定要让孩子感受到妈妈的爱，爱是第一步，然后才是教育，爱先于教育，没有爱就没有教育。

采用这样的教养方式，妈妈就可以稳定地处在钟摆的中间，就不会不知所措地来回摇摆。只有妈妈内在稳定了，孩子才能慢慢安静下来，转而关注自己的事情。这样养育孩子既轻松又有效。

教　养　直　播　间

　　芳芳妈妈有严重的焦虑。我建议她找心理医生先处理好自己的问题。然而，能够承认自己焦虑，并坦然地面对自己内在的问题是需要很大勇气的，希望她做好了直面伤痛的准备。

内向的孩子会吃亏

今天，小文的父母来到咨询室。一般来说，夫妻二人同行不是常见的情况，除非是我特别提出要做家庭治疗的。这对夫妻看起来都很清瘦，形影不离的样子像一对幸福伉俪。

小文的爸爸坐在正对我的位置，小文的妈妈娇小的身材窝坐在另一张椅子里，手肘支撑在椅背上，身体向丈夫的方向微倾。

小文的爸爸坐得端端正正，像是来参加一场重要的面试，语气理性而谨慎："老师好，我今天来是想请教一下我该怎么教育我的儿子。我家里有两个孩子，老大已经上中学了，特别外向，学习也好，不用我操心。但是老二小文，上五年级了，和他姐姐完全不一样，性格很内向，干什么事情都往后退，这让我很头疼。我怎样才能让这孩子变得外向一些呢？"从小文爸爸的语气中我听出了一些固执和焦虑。

我与他核实："在你的心中，觉得内向不好吗？"

"那当然了，在现在的社会，内向的人肯定要吃亏啊！比如，上课老师提问题时，那些外向的同学积极发言，老师就会叫他们。他总不喜欢举手，老师就关注不到，也不会给他什么机会，时间长了，就有差距了啊……"

我点了点头："这的确是很多家长的观点。那你的这个观点是怎么得来的呢？"

听到我这样问，小文爸爸的表情显出一点点奇怪和惊讶："老师，这是肯定的啊！当今社会，不争不抢，什么事情都往后缩，老老实实的，那肯定要吃亏，别人会欺负的啊！"

我追问："你曾经有过怎样的经历，让你得出这样的结论呢？"

听了这话，小文爸爸紧闭的嘴巴轻微地努了一下，从他紧闭着的嘴巴的形状可以判断出他后槽牙咬得很紧。他沉默不语，心里好像在做某种艰难的决定。终于，他开腔了，这次冷静中显出了一些自负："我性格比较内向，但是业务水平没得说，我都是靠自己一点一点努力从农村来到城市，我在单位里埋头苦干做好自己的事情，本来按照我的专业水平，早应该提拔我们医院科室主任的，结果让会拍领导马屁的人抢了先。别人都说我太傻，不会搞关系，我就是吃了这个内向的亏！"

听到这些话，小文妈妈关切地在旁边握住丈夫的胳膊，以示安慰，并帮腔道："是啊，这件事确实对他打击很大。我们吃了这个亏，不想让小文也是这样。经常跟小文讲，要外向一点，要勇于表现自己，可是他根本不听我的话。在外面胆小内向，在家有时候还和他爸顶嘴，气得我们没办法……"

个案分析

在这个案例中，小文爸爸的头脑里有一个很强大和固执的观念：内向是一种会吃亏的性格。自己因为内向而吃亏，他不想孩子也这样。因此，他想要改变孩子。

许多父母从自己的生活经历中树立了一些观念甚至是牢固的信念，觉得某种性格或者某种做法是不好的。当孩子有这种情况时，仿佛碰响了父母的红色警报。所以父母常常会去控制孩子，极力避免这样的事情发生。可是控制的结果往往事与愿违，特别是当孩子进入青春期后，这种做法只会引发亲子冲突，从而引爆火线，使父母产生更强烈的控制欲，甚至还会造成双方焦虑和抑郁。

学到什么

案例中小文父子相处的情景是心理学上一种很常见的现象：投射与投射性认同。

什么是投射呢？以这个案例来说，小文爸爸从农村一路打拼到大城市的大医院，因为太内向，不懂得在领导面前表现而失去了升职的大好机会。这次机会对于他和家人来说都非常重要，此事成了他的一块心病，也成为同事们的笑柄。其实，这只是他自己的归因，真实的情况还需要综合判断。但是在这种情况下，事实不重要，他自己怎么看才是最重要的。

我们看到的外在世界其实都是自己内在世界的投影。小文爸爸对自己的内向性格有很多不满和愤怒，因为这种性格给他带来了失败和耻辱的体验，他难以接受自己的这个特点。于是，他在潜意识里把自己的内向性格特征投射到儿子身上，一旦看到儿子退缩、保守、不争不抢时，就会很敏感地发现并放大它，然后喋喋不休地指责孩子。其实，他看到的不是孩子，是他自己内在的投影。让他愤怒的也不是孩子，而是他自己。

但是，对于我们每一个人来说，通常都不会去指责自己，因为指责自己非常痛苦，那是要揭伤疤的事情。可是，指责别人却可以理直气壮得多，尤其是做父亲的去指责还是小学生的孩子是一件很安全的事，比指责领导、同事、客户或者伴侣要安全得多。

案例中的小文，其实在三年级以前表现都很正常，做事稳当，班主任老师也很喜欢他。可是自从发生了父亲没有顺利升职这件事后，小文变得越来越怯懦、退缩，没有以前的沉稳、自信了。小文爸爸经常对孩子说："你这么内向迟早会吃亏的，遇到事情要往前冲……"而小文的妈妈是在精神上完全依靠和顺从丈夫的妻子，丈夫说什么就是什么。当小文日复一日听到父母的这些话以后，内心就会有一个声音："我一定是很内向的人，不爱表现自己，干什么事情都往后退，不然爸爸妈妈为什么整天说我呢？"孩子越这样想，就越不敢表达自己。

小文的爸爸看到孩子的这些表现后会觉得更加刺眼和扎心，从而更加肯定"我说的没错，小文就是太内向，这可不行"。爸爸在过度投射中紧紧抓住孩子不放。父子俩人仿佛走进了一个怪圈，陷入了死循环。在这其中，小文的爸爸是在投射，小文则在不知不觉中接受了这个投射幻想，慢慢地真的变成了爸爸所认为的样子，这就叫投射性认同。

所以，妈妈们看到了吗？整个投射与投射性认同是两个人在不良互动中不断发展的双人舞。如果小文的爸爸没有来咨询，他在这个循环里可能很难发现原来自己对孩子的不认同，其实是对自己的否定。所以，小文的爸爸首先要做的是面对并解决自己的问题。

现在有很多父母都很在意孩子性格内向这件事，觉得孩子遇到事情不喜欢往前冲，有些退缩，总觉得这样孩子会吃亏。

这里面有两个原因。一是现在的孩子普遍都被父母过度控制和保护着，以至于很多男孩缺少男孩应有的气概。大家有没有发现，现在的男孩子越来越中性化了？当孩子被过度保护时，孩子遇事就比较容易退缩。第二是社会上有一些人，因为爱表现，会表现，取得了成功，获得了很多财富。对比起来，好像个性内向的人吃了亏。所以，家长们就特别希望孩子遇事敢冲，胆子大，害怕孩子因为退缩而失去机会。其实，我们家长还是应当尽量尊重孩子的天性，按照孩子的天性和节奏来，只要能够扬长避短就好。

其实，内向的人有很多的优势。通常来说，内向的人比较沉稳、专注，能把更多的精力放在自己身上，能坐得住，考虑问题也比较周全、细致，往往能专心致志地做成一件事情。这些优势一定给小文的爸爸带来过很多好处。所以，他需要客观地看待性格内向这件事，不能因为受过伤害，就抹杀了这种特质带给自己的好处。如果他不能完整地接纳这些，那他就永远无法学会驾驭这种特质，并利用好这种特质中好的一面。

　　只有当爸爸能够客观看待、妥善处理好自己心中的伤痛，才能心平气和地告诉孩子："内向有很多好处（如上面所讲的），但有的时候太内向的话，别人就不太容易发现你身上的优点和品质。相对于外向的人来说，内向也许会让你失去一些机会，那可能会让你觉得不公平、委屈、不高兴。你想要这样吗？还是愿意去更多地打开自己一点呢？你自己可以做出选择。"这样，孩子才能平和地面对和接受这一切，从和父亲对抗的状态中走出来，关注自己，去仔细想想到底要怎么做。

教养直播间

　　咨询到最后，小文爸爸的固执信念似乎有了一些松动，愿意承认内向其实也有很多优势。但在这之前，他要先处理好自己因升职无果而造成的挫败感和贬低自我价值感等负面情绪，并与自己和解。

你只管学习，别的不用管

七月，正是一年中最热的时候。

一个闷热无风的下午，丹丹妈妈坐在我的面前。这是一个衣着朴素的中年女子，齐耳的短发显得有些凌乱与毛躁。她整个人都陷在沙发里，身体似乎无力支撑她端正地坐起来。

"我实在没有办法了，感觉天都要塌了。我只能求助于您，再不来，我怕自己会疯掉！"她有气无力的声音飘入我的耳际。

我递上一杯水，宽慰她："别着急啊，慢慢说。"

丹丹妈妈长长吐了一口气，调整了一下状态："我女儿丹丹，在某附中读高三，平时学习成绩都是年级前五十，可是今年高考考砸了，只过了二本线。她现在整天在家关着门，谁也不理，也不和我说话。我虽然嘴上说没事，可是感觉自己快要崩溃了！"

每年高考后，都会有父母来做咨询，大多都是孩子没考好，心里难以承受等。每次听到这样的事情，我都感到很惋惜。

"这个结果确实很意外，让人难以接受，具体是怎么回事呢？"

丹丹妈妈无力地叹了口气："唉……可能都怪我！孩子第一天考完第一门出来说没有发挥好，我当时一听就懵了，说了一些不该说的话。孩子开始哭，那天中午也没吃好、休息好。可能是给孩子压力太大了，结果影响了她的状态，后面几门都没发挥好。现在想想，真的太后悔了！"丹丹妈妈说着说着眼泪又掉了下来。

我等她情绪慢慢平稳一些，问道："我看到你很后悔啊！孩子高考这件事一直以来给你的压力很大，是吗？"

听了这话，丹丹妈妈泪眼蒙眬地点了点头："是啊，我的压力特别大。丹丹这孩子懂事，从小学习成绩一直很好，在附中差不多都是年级前五十名，老师说她有实力冲清华、北大的。我听老师这么说，晚上连做梦都是孩子考上清华、北大的样子。我小的时候家在农村，条件不好，当年我爸妈供了我哥上大学后就没钱再供我了。其实，我那时候比我哥学习好多了，否则我肯定能考上更好的大学。初中毕业后，我就进城，一直在工厂里上班，早些年厂子也不行了，我就回家伺候老公、孩子。我这辈子只能当个工人，我就想让孩子好好学习，将来考个好大学。为了让她好好学，从小到大，我没让她干过一点家务活，她只管学习就行。高三这一年，为了不影响她学习，吃饭的时候都是我给她喂着吃，她只管拿着书看就行。为了她，我付出太多了，可是辛苦了这么多年，竟然是这样的结果……"说到这儿，丹丹妈妈忍不住放声痛哭起来，从心底涌出来的哭声仿佛是在倾倒这些年来辛苦无果的失望和委屈……

过了好半天，见她的情绪才渐渐稳定下来，我问她："你这样把所有的希望都压在孩子高考这件事上，孩子是什么感受，你知道吗？"

丹丹妈妈有些迷茫了："她没啥啊，感觉她一直都挺听话的。我经常给她说，我和你爸这辈子也就这样了，妈妈就靠你了，好好给妈争口气，考个清华给他们看看。丹丹回了家就是埋头学习，也不惹事，也不叛逆，学习又好。别人都说我家丹丹就是那种别人家的孩子……"

个案分析

在这个案例中，最令我感到震惊的是，丹丹高三一年，大多数情况下都是妈妈给喂饭吃的，孩子只需要看着书张张嘴就行。从小到大，家务活也几乎从来没干过。

我不知道孩子这样被养大，是种什么滋味。我只要想起这个场景就会觉得非常压抑。

在这对母女的关系中，妈妈把上大学这个自己未完成的期待加在孩子身上。孩子背负着这个沉重的负担，成了学习机器，连吃饭时稍作放松休息的权利都被剥夺了。也许丹丹妈妈觉得孩子这次没考好是偶然，可是在我看来，不管孩子这次考得怎么样，从目前的情况来说，在人生的这场考试中，孩子已经输了。

学到什么

通过这个案例，妈妈们可以好好想一想，我们到底要把孩子培养成一个怎样的人？

在我国目前的教育环境下，妈妈们对孩子学习的关注度非常高，考一个好大学是很多妈妈培养孩子的一个最重要的目标。这让我想到曾经看过的一个新闻，同样令人深思。

小兰生于1977年，自幼聪明好学。为了让她好好学习，父母从不让她干任何家务活，她只管学习就行。小兰很争气，一路读到美国博士后。因为成绩优异，被导师推荐到大公司工作，但却屡次因为不善于人际交往，先后被不同公司辞退。对此，小兰给自己的解释是："除了学习，我什么都不会。"失业后，小兰的签证过期了，没了经济来源的她到处流浪，被折磨得宛如六旬老太。后来，她被警察发现，蹲了几个月的监狱后，被遣返回国，随身只带了一瓶治疗精神分裂的药物。而小兰父母两年前就和小兰失去了联系，都以为这个闺女已经死了。

这则新闻中的小兰在求学过程中，简直是开挂的人生，是很多妈妈梦想中的百分百好孩子。可是最后的结果呢？太令人唏嘘了！我想，正常情况下谁也不希望自己的孩子成为小兰这样的人。

这则新闻中的小兰的父母和丹丹的妈妈在教育孩子的方式上很相似。她们都只关注孩子的学习，而忽略了孩子其他方面的发展。可是，即使孩子考上了美国的博士又能怎样呢？

培养孩子最重要的目标是要把孩子培养成一个完整的人，而不是完美的人。那么，什么是完整的人呢？

美国家庭治疗大师维吉尼亚·萨提亚女士提出了一个概念，叫作"自我环"，这个自我环中间是"我"，周围有八个部分，整合这八个部分就能很好地为我们阐述什么是完整的人。

1. 身体——我们的躯体，是我们这个生命的物理载体

我们常常说要爱惜身体，可实际上却普遍会在不经意间做许多伤害身体的事。抽烟、酗酒、晚睡、不健康的饮食方式和生活方式都在伤害着我们的身体。身体其实非常智慧，而我们对它的了解还远远不够。从心理学角度来说，我们内心受过的伤，身体都记得，而很多的疾病都是身心疾病。

2. 智力——我们大脑的思维、逻辑等

聪明的头脑很重要，上面案例中的妈妈几乎只注意了孩子这部分的发展。很多人都很看重这一部分，可这只占一个完整人的八分之一。

3. 感官——我们的感觉器官

这是我们与他人和世界联系的感觉通道。眼睛、鼻子、嘴巴、耳朵、触觉，包括我们皮肤上的毛孔都能够接收和发送信息。可是我们从小被告知了很多的不能听、不能看、不能动、不能吃……其实这些"不能"并非都是真理，很多都来自人们的限制性信念。

比如，邓丽君的歌曲曾被称作靡靡之音，不鼓励大家听，那只是那个时代观念的束缚，现在谁还会说她的歌曲是靡靡之音呢？又如，很多国家的人不吃动物的内脏，认为那是不能吃的。可是在我国常常被做成各种美味佳肴，人们也津津有味地吃了几千年……

这样的例子非常多，只要我们留意，会发现它们几乎无处不在。

4. 感觉——我们每个人都有的喜怒哀乐等各种情绪和感受

这是打开内心世界的大门，但是对很多人来说，这扇大门却时常紧闭。我们的情绪常常不被看见，甚至不被允许。

比如，"男孩要勇敢，不能哭，这有什么可怕的，胆小鬼。""女孩子不要随便发脾气，这样显得很不优雅。"……这些评判常常让我们和自己的感觉失联，从而和自己失联，更难以活出自我。对感官的忽视，容易让我们变成只会用头脑的人，使得很多妈妈难以真正听到孩子内心的声音，看到孩子真正的情绪……

5. 互动——我们与他人的交往、沟通

人际关系，这是很重要的一个方面，却常常被妈妈们忽视了。很多妈妈认为只要埋头苦学就好了，什么QQ、微信社交软件全都卸载。

励志大师卡耐基说过，一个人的成功，15%依靠专业才能，85%依靠人际沟通。上面新闻中的小兰虽然学业达到顶尖水平，但是不懂得人际沟通，在职场上注定失败。

6. 营养——我们需要从食物中获取，来维持身体正常运转的营养成分

现在越来越多的研究指出，吃什么、怎么吃，对一个人来说意义重大，良好的饮食方式和习惯对身体和情绪都有调

节和改善作用。不同的饮食结构和方式也与不同疾病的发生密切相关。

7. 情境——当下所处的环境，和他人互动时的情景

这不仅是指物理空间上的环境，还有不同地域的文化这种无形的环境。

8. 灵性——这是指我们每个人的生命力

这个生命力怎么理解呢？就好像一颗橡树种子，它的生命力、生命的能量就蕴含在种子里。这颗种子的使命就是成为一颗橡树。我们每个人也是一样，我们都可以绽放自己的生命，去完成我们的使命。我们每个人天生都有权利做自己，成为自己。可是，很多妈妈在养育孩子的时候，没有尊重孩子的这种天性，就好像孩子明明是一棵橡树，却偏偏要把他改造成一棵柳树一样。比如，小兰的父母和丹丹的妈妈，她们就用错误的养育方式把孩子培养成了只会学习的机器，剥夺了孩子做自己的权利。

以上八个方面是我们每一个人本来都具有的。正确的养育孩子的目标，就是要让孩子的这八个部分协调发展。如果其中任何一部分出现问题，整个人的系统就会有问题。比如，案例中提到的小兰，她的生命力中原本具备人际互动的能力，但是在成长的过程中被妈妈忽视了，没有提供很好的机会和条件来发展这部分能力，因此小兰的人际交往能力就

萎缩了。在学校只是自己学习拼成绩，看不出来有什么交往缺陷；在职场则要讲求合作多赢，小兰这部分的缺点就显露无遗，从而造成她整个人的发展出现严重问题。

回头再来看丹丹妈妈的案例，孩子这次高考失利虽然很令人惋惜，但是如果这件事能让丹丹妈妈学会尊重孩子的天性，注重孩子的全面发展，对孩子放手，让孩子拿回自己生命的主权，对于孩子未来人生更稳健的发展其实是一件好事。

教养直播间

　　在给丹丹和妈妈做了几次咨询后，母女俩的状态调整得不错……

老师告状，肯定就是你的错

今天学校开运动会。上午的比赛结束后，孩子们陆续放学，刚才还热火朝天的赛场慢慢安静了下来。我正要去吃午饭，一个班主任打来电话，说："校长，我班小博刚才和同学吵架后要跳楼，你快来看看吧。"我一听，赶忙跑过去。

我看到，小博正蜷坐在凳子上，头深深地埋在臂膀里，他在哭泣，身体随着哭泣声在不住地抖动。他哭的声音不大，可是从哭声中似乎能感到一种积压了很久的悲伤情绪从每一个毛孔中奔涌而出，他从内到外整个人都在痛哭。

看到孩子这样，我觉得好心疼。我慢慢靠近他，坐在他旁边，轻轻地说："小博，觉得难过想哭就哭吧，老师陪在你身边呢……"我用温和的语气表达对他情绪的看见、允许和接纳。

渐渐地，他的哭声小了一些。

我说："老师知道你也许很委屈、很难过、很痛苦，这些都是可以的，你想哭就哭吧，老师陪着你。"我继续表达对他的接纳，希望他在这份接纳中能释放自己的情绪。我就这样不断轻声地跟他说，然后慢慢尝试轻抚他的背，帮助他安抚情绪。

又过了一会儿，小博的状态渐渐平稳了下来。他慢慢地抬起了头，双眼噙满了泪水。目光散漫地看着前面，哭泣声虽然小了，可是能看得出，他仍然沉浸在自己内心的痛苦中……

小博是个六年级的男孩子，平时不怎么说话，喜欢看书，是一个很聪明的孩子。中午放学的时候，小博和同学因为一件很小的事情发生了口角。小博突然情绪失控，伸腿跨过栏杆，就要跳楼。幸亏周围的老师和同学围上去把他拉了下来。

不难想象，他的心里积压了多少负面情绪才会这样突然地爆发！

面对这种情况，我的工作经验是必须立即干预，我请小博的班主任打电话给小博的妈妈，让她到学校来沟通情况。

下午上班时间，小博的妈妈准时来了。她留着一头短发，很精干，像个男士。对于小博的事情，她已经知晓，可是她好像没有受太大影响，平静的样子有点令人出乎意料。

坐定之后，我先开口："小博和同学发生了口角，就要跳楼，这是很极端也很危险的一种行为。为了杜绝孩子今后再发生类似的事情，所以今天请您来，是想了解一些你们家庭教育的情况。"

小博的妈妈听了之后，满脸疑惑地说："我们家里都好着呢，没有什么问题啊。"

看来，小博的妈妈还处于不知道自己无知的情况。平时，都是家长有难题来求助咨询，这次是我们主动去干预，所以，即使小博妈妈走进了咨询室，依然觉察不到任何问题。

"你所说的'好着呢'是什么意思呢？"

小博妈妈仍然是一脸懵："我家里都好着啊。老师，我和他爸关系也好着呢，我们几乎不吵架。"

我继续问道："那您觉得孩子平时在家里表现得怎么样呢？"

小博妈妈快人快语："这孩子在家还可以，就是在学校很调皮，老师经常给我发信息，说他在班里的一些事情，没写作业，上课不好好听讲，或者是和同学闹矛盾。"

"那您听到这些情况，一般都是怎么处理的呢？"

"那就是打啊，男孩子就是要打。只要他老师说他表现不好，回家后肯定就是打他，没时间的话就先骂一顿。"小博妈妈说起打孩子轻松又正常。

我好奇地问："那您一般情况下问不问孩子，在学校到底发生了什么事情呢？"

"我才不问他呢。他嘴里就没实话，我不相信他。老师告他状，那肯定就是他的错，老师不会撒谎的。"小博妈妈说得坚决又肯定。

我换了一个角度："我想问问，您平时经常对孩子说'我爱你'吗？会说'我看到你这会儿有点不高兴'这样的话吗？"

小博妈妈显得有点为难，语速也慢了下来："我从来没有说过这样的话，从他长大后，我基本上也没有抱过他，我说不出口，也做不出来这样的事。"

小博的妈妈基本上还处于完全没有觉察的状态，我决定对她的工作做得更深入一些。

我接着问："您小时候是怎样度过的？在父母身边吗？可以给我讲讲吗？"

小博妈妈一脸吃惊和不解："老师，咱们是说孩子的事，怎么说到我的事情上来了？我不知道这两者之间有什么关系。"

"别紧张，问这些是因为今天的你是从昨天的你而来的。我好奇的是，作为妈妈，你却难以对自己唯一的孩子说出'我爱你'，是什么阻碍了你呢？"

小博的妈妈仍然在疑惑当中，不过她还是给我讲述了她儿时的过往。原来小博妈妈的童年是这样的。

"我小时候父母就把我送到姑姑家。他们一个月来看我一次。我姑姑家有三个孩子，他们都比我大，经常欺负我。我爸妈给我带来的好吃的被他们抢了，漂亮衣服也被我表姐夺走。没有人关心我，也没有人在乎我。我被他们欺负后，我跟我姑说，我姑也顾不上管，后来我就不说了。我说了，他们还觉得我软弱，所以，我到现在都是有什么委屈、难过都憋在心里面，不和任何人说。我自从离开我姑家，就没再和表哥、表姐说过话……"

个案分析

从这个案例我们可以看到，小博的妈妈因为自己童年的经历，在潜意识里形成了一个信念：我的感受不能跟别人说，因为不仅没人帮我，他们还会嘲笑我。所以，小博妈妈慢慢地把自己的感受都藏在了心底。她看不到自己的感受，也就看不到小博的感受。不仅如此，她也难以向孩子表达自己的爱，因为在成长中没有人给她做过这样的示范和榜样。十二年来，她一直采用这样的养育方式对待自己的孩子，孩子内心压抑和痛苦的感觉和她当年一样，甚至更严重，因为孩子面对的是自己的母亲。这些会让孩子产生自卑心理，所以，在和同学发生冲突的时候，他才会做出这种过激的行为。

📙学到什么

分析了这个案例，现在我们一起来了解一下自尊是怎样影响人的行为的。

自尊是一种自我评估的能力，是以尊严、爱和现实的方式面对自己的能力。说简单一点，自尊就是自己是怎样看自己的，觉得自己怎么样。如果我们不是做特别严谨的学术研究，可以把自尊和自我价值这两个概念看成是一个概念。我们平时经常还会说到的一个词是"自我价值感"，自我价值感就是一种对自己的感觉。国际著名心理治疗师维吉尼亚·萨提亚女士有一个很好的比喻，她把自我价值比作罐子：当自我价值感高的时候，我们可以说"今天，我的罐子是满满的"；当自我价值感低的时候，我们可以说"今天，我的罐子是空的"。我们每天遇到不同的事情，自尊水平会发生变化，大家可以提升自己的觉察力，经常检查一下自己的那个罐子的状态。

心理学家普遍认为，不论是对于我们自己，还是对于人际关系来说，自尊、自我价值也就是那个罐子都是最重要的。因为自尊就像是一个妈妈，她可以生出很多孩子，这些孩子就是不同的品质。

下面，我们先来看一看高自尊可以衍生出的品质：自信、勇敢、正直、诚实、有同情心、负责、敢于担当、爱自己也能够爱别人、坦诚……这些是不是每个妈妈都渴望孩子拥有的品质呢？

那么，低自尊可以衍生出哪些品质呢？自卑、懦弱、自私、冷漠、胆怯、退缩，面对困难和挫折容易产生受害者心理，并以受害者自居……听起来就觉得有点可怕，是不是？妈妈们都不希望孩子具有这些品质吧。

接下来我们再来了解一下每个人不同的自尊水平是怎样形成的。影响自尊的因素有很多，其中最重要的是父母在孩子幼年时所采用的教养方式。每个人在幼年时，通过养育者对待自己的方式和态度来形成对自己的看法——自己是一个怎样的人。这是一个人潜意识里的一种观点，并非这个人真实客观的样子。就好像有的人明明很优秀，但是自己觉得自己很差劲，缺点很多，不够好等。因此，自己怎么看待自己和自己客观上怎么样并不是一回事儿。

回到我们前面的案例中，小博妈妈小的时候被送到了姑姑家，离开了父母。那么，在小博妈妈的心里会怎样看待自己呢？她会认为"爸爸妈妈不爱我，我是不值得被爱的，是我做错了什么，他们才把我送走。如果他们爱我，怎么会生了我却又不养我呢"。孩子的感受力特别强，但是理解力是很差的，所以，在头脑中她用自己的方式来解读遭遇的一切，这解读也许是大人不能理解的很奇怪的想法。

当小博妈妈到了姑姑家，受到表哥、表姐的欺负之后，却没有人来保护她，她会怎么看待自己呢？也许认为"这个世界上没有人爱我，没有人关心我，我是不值得被人爱的；我寄人篱下，住在别人家里，一切都要看别人的脸色，像一个乞丐要饭似的，我是低人一等的；他们看不起我，我恨我的父母，他们不来保护我，我恨我的表哥、表姐，他们欺负我是想让我求饶，想看到我哭的样子；我才不会哭，他们再欺负我，我再疼，我也不会哭，我不想让他们得逞；如果他们看到我哭，他们就会认为我软弱，就会更加欺负我，我才不会那么傻让他们白白欺负我；等我长大了，我要报仇……"小博妈妈小的时候感觉没有人爱自己，这种情况下她的自尊水平是很低的。当她不得不保护自己的时候，她就生出了一种能力——压抑自己的感受和情绪，即使再难受也装作没事。这种能力，是现实的境况把这个小女孩逼到绝境的时候，生命内部启动的避免自己受到伤害的自我保护程序。

后来，这个低自尊的、拼命死撑的小女孩长大了，直到有一天她做了妈妈。面对自己的孩子，她仍然沿用多年前形成的自我保护方式，这种方式已经陪伴了她这么多年，虽然现在已经不需要了，可是她自己并没有意识到她还在用这种方式和周围互动，包括自己的孩子。她看不见小博的各种情绪：开心、喜悦、愤怒、悲伤、痛苦、恐惧、害怕、委屈……也听不到孩子给她的各种解释，因为她内在有个声音："说这些没用，不要给我说，我也不想看，说了我也不会听，我也不会看。"当然，这些都是在她自己的潜意识里自动发生的，她没有一丝一毫的察觉。

小博面对这样的看不到自己、听不到自己的妈妈，内心会升起很大的疑问："为什么妈妈从来不听我怎么说？为什么妈妈从来看不到我？我受了委屈，同学诬陷我，老师不了解情况就批评我，我那么难受，妈妈为何从来不抱我，也不对我说爱我？妈妈为什么总是打我、骂我？我一定是一个坏孩子。我和妈妈虽然在一起生活，可是我们中间好像有一堵看不见的墙、厚厚的墙，将我们隔开，我感受不到妈妈爱我，我是不值得被爱的，我的生命毫无价值和意义，我从小时候就知道了……"就这样，低自尊的小博在发生一点小冲突时就想要跳楼，他并不是真的想要自杀，只是一种应激反应，这是他所能找到的一种解决问题的方式。

著名心理学家荣格说过："潜意识正在操控你的人生，而你却认为是命运。"所以，我们每个人面临的重大问题就是"我是谁"。我是谁，我们怎样看自己，决定着我们如何与这个世界互动。所以，认识自己，找到自己，与真正的自己相遇，是我们每个人一生中最重大的课题。

教养直播间

当小博妈妈明白了这一切之后，眼泪哗哗地流个不停。她讲话的语速慢了下来，语调也柔和多了。我问她："小博妈妈，你现在可以对孩子说'我爱你'了吗？"她含着泪点点头说："老师，我现在竟然可以说了，太神奇了。我还想抱抱他，也想抱抱您。"

第二章

忽视孩子感受的妈妈

MAMA

DE

JIEYOU

ZAHUOPU

　　家长在教育孩子的时候，常常会在无意中忽视孩子的情感需求和变化。

　　这是一种非常普遍的情况，普遍到我们都不知道自己曾遭遇过父母的情感忽视。当我追溯这些家长在自己的原生家庭中的成长经历时，很容易就发现了这一点。曾经的境遇让他们不得不隐藏自己的情感，他们看不见自己的感受，因此也看不到孩子的感受。

　　解决之道是妈妈们先看见自己，疗愈自己，然后才能看见孩子，把爱带给孩子。

你在爸爸和妈妈中间有点挤

一个叫琦琦的六年级学生的妈妈预约了咨询。预约时间快到了，我先来到咨询室等她。比约定的时间晚了五分钟，琦琦妈妈到了。

这位妈妈身材娇小，穿着一件薄荷色的雪纺裙，看起来显得很年轻。落座后，我先询问她前来的目的。

"我今天来呢，是想请教一下关于琦琦的事。"琦琦妈妈娇声细气的声音，让我有点吃惊。在咨询室里我还是第一次听到这样的声音。

"孩子怎么了，您能具体讲讲吗？"

"是这样的，这个孩子啊，我和她很难沟通。她和我说话的时候常常发脾气，大喊大叫的，她以前不是这样的，我不知道她是怎么了。"

"那是家里或者学校发生什么事情了吗？"我问。

琦琦妈妈嘟了一下嘴，说："以前她一直住在奶奶家里，可是由于从六年级开始她很喜欢玩手机，她奶奶看不住她，我们寒假后就把她接回来了。"

"孩子是从多大开始由奶奶带的呢？"

琦琦妈妈又嘟了一下嘴，眨了眨眼睛："我们家和她奶奶家很近，从小就把她放在奶奶家，我们一个礼拜过去看一下。中间也有几次我们想要接回来自己带，但是试了两天就不行了。我们都在银行工作，有时候挺忙的，也顾不上她，所以又把她送到奶奶家里了。这次过完年，我们看她快上中学了，不能总是玩手机啊，就把她接回来和我们一起住。但是我发现自己管不了她，我说什么她都不听。"

"那你们夫妻之间的感情怎么样呢？"

听我这样问，琦琦妈妈害羞地笑了："老师，不瞒您说啊，我长这么大做的最正确的一件事情就是嫁给了我老公。"

"那很好啊，你是怎么得出这个结论的呢？"

"我和我老公从小学开始就是同学。有一次，一个男生欺负我，之后我老公就跟老师说，他要和我做同桌，老师竟然同意了。然后整个小学阶段，我们都是同桌，他说是为了保护我，不让别人欺负我。后来，我们一起上了中学，一直都很好。后来，毕了业就结婚了，好像这辈子注定是他。"琦琦妈妈笑得很陶醉。

这可真是我听过的最早的早恋，而且竟然还修成正果了，真有点像电影情节。琦琦妈妈讲起她老公满脸幸福，滔滔不绝，我想拦都拦不住。

"我结婚以后，家里的事情基本上都是我老公做，他不让我做。每天上下班都是我老公接送我。我最近想学画画，我老公就给我找了一个老师，给我买好画画的材料。每次上课出门前，他都会为我准备好鲜榨果汁或者蜂蜜柠檬水，送我去，然后再接我回来。每年我们都出去旅游，全国各地、世界各地，我们两个几乎都跑遍了。"

我很好奇，问："你们去旅游，只是你们两个人去，还是带孩子一起去？"

琦琦妈妈摇摇头："没有带过。她长这么大，我们没有带她出去玩过，想着她还小，以后玩的机会多着呢。我和我老公喜欢二人世界。"

真是一对神仙眷侣啊，亲密无间得连女儿都挤不进来。

"那你们出去玩不带她，怎么给孩子说啊？"

"她要问，我们就骗她说我们出差；她要不问，我们就偷偷跑了，不给她说。"

"这些年一直是这样吗？如果家长欺骗孩子，孩子会察觉的。"

"是啊，四年级有一次，我们到马尔代夫玩，骗她说出差。结果被她发现了，那一次她哭闹得特别厉害，说我们不爱她。"

"孩子哭闹得那么厉害，你们是怎么做的呢？"

"我们就只能在电话里哄一哄啦，她还是不停地哭，我们一看不行，就把电话挂了。我们想着，小孩子哭一下、睡一觉就好了。回去以后给她买了礼物，后来我们单位有一次去爬山，我们就带她去爬过一次山。"

…………

个案分析

琦琦的父母真是一对少有的幸福伉俪，生了琦琦后，俩人基本上还是过着二人世界的生活，忽视了琦琦的存在。客观地讲，他们并没有完全尽到做父母的责任。如果奶奶教育方法正确，给孩子的爱足够，还好一些；如果奶奶给的爱不够，孩子就会有严重的被忽视的感觉，会造成孩子成长中很大的问题。

学到什么

分析完这个案例，我们一起来了解一下父母对孩子的情感忽视是怎么回事。

琦琦是比较典型的被父母忽视的孩子。琦琦的父母感情很深厚，以至于他们中间连自己的孩子都挤不进来。

这种忽视型的养育方式给孩子带来的伤害甚至比严厉和溺爱的父母带给孩子的伤害还要大。在这种情况下，父母没有真正地看见孩子，和孩子是失联的。这里的"看见"指的是与孩子的感受、观点、期待和渴望层面的联结和互动，并不仅仅是表面行为上的看见。被忽视的孩子感觉不到父母的爱，内心孤独，自我价值感低，很容易在学习和生活中出现偏差行为。

在生活中，父母忽视孩子的情况很常见，但是父母常常觉察不到。

举个例子来说吧。一群小朋友在小区的院子里玩得很开心，这时候，一位妈妈走过去，一把拉住兴高采烈、满头大汗的孩子说："走啦，回家吃饭，待会儿还要写作业。"孩子极不情愿，可是没有办法反抗，只好乖乖地和妈妈回家了。孩子突然被妈妈从快乐、开心的情绪中一下子拉出来，转换到另外一个场景中，会有不高兴、失望、失落、不满意，甚至是愤怒的情绪。但这些情绪都没有被妈妈看到，妈妈没有在这些情绪上和孩子共情，这就是我们生活中最常见的忽视。

　　这样一说，妈妈们也许会觉得有些夸张："如果这算情感忽视的话，那么在我们的生活中已经有太多次这样的情形了。"

　　是的，的确是这样！父母常常在无意间就忽视了孩子的感受。有的父母即使看起来已经很好了，但是也有可能出现忽视孩子情感的现象。因为我们很多人都还不知道什么是情感忽视。这些曾被情感忽视的经历很多都是一些看起来很小很小的事情，当我们长大以后，这些小事我们几乎都忘了，但是这些小事产生的影响可能一直都存在。

　　我的咨询室里曾有这样一个来访者，他是一个事业有成的中年男人。他的困惑是，每当妻子出去和朋友聚会时，他就常常很不安，总爱打电话让妻子早点回来，他好像总是很不放心妻子，结果使夫妻之间产生了矛盾。

　　在给他进行深入咨询的过程中，我通过冥想让他看到小时候的自己。他看到自己在四岁多的时候，一个人在院子里，孤零零地蹲在地上玩。因为他姐姐结婚，家里人都在忙碌，没有人顾得上管他。在这样的情况下，大人似乎也没有做错什么。但是，那一天被家人忽视的小男孩心里的那种感觉却被存储在潜意识里。当他结婚后，妻子外出，他就会很不安，觉得寂寞、心慌，害怕妻子不爱他了。

　　这样的一件小事都会对孩子造成影响，所以，如果家长经常这样做，很可能会对孩子造成更严重的心理创伤。

被情感忽视的创伤表现比较多。比如，觉得无意义感、无价值感，觉得空虚，总觉得生活中少了些什么，严重的时候就会觉得很难真正地开心起来；对自己比较挑剔，挑自己的毛病，自责，认为自己有很多的缺点和错误；遇到问题不愿意求别人帮助，很难和人真正的亲密，情况严重的话会抑郁，甚至想要自杀；长大以后可能在人际关系、婚姻方面出现问题。所以，这个问题非常值得我们关注！

那么，如何才能知道自己是不是一个曾经被父母忽视的孩子呢？下面这些测试题，大家可以试着回答"是"或"不是"。

1. 你有时感觉自己与家人、朋友格格不入吗？

2. 你是一个比较独立的人，并且为自己的独立不求人而感到骄傲吗？

3. 遇到困难不喜欢求助他人，有什么事都习惯自己扛着。

4. 朋友或家人会觉得你对他们有一些冷漠和疏远吗？

5. 你感到自己好像还没有发现自己生命的潜能。

6. 你经常习惯自己一个人待着，宅在家里，不和别人接触。

7. 觉得自己不好，暗暗觉得自己可能是个骗子，自己的很多表现其实都是在欺骗别人。

8. 在人多的地方，特别是一些社交场合中你会感到不太自在，时常会有身处人群中的孤独感。

9. 经常对自己感到失望、生气或不满，特别是当一些事情没有做好的时候。

10. 对自己的要求比对其他人的更加严苛。

11. 不自觉地会拿自己与他人比较，并常常觉得自己不如别人。

12. 不喜欢和人走得太近，比起人来说，你更喜欢小动物。

13. 经常无缘无故地觉得有点暴躁、不开心。

14. 当别人问你此刻的感受时，你常常说不清楚，不知道什么是感受。

15. 不能清楚地认识自己，分辨不出自己的长处和短处。

16. 在集体中，你常常有一种置身事外的感觉，有时好像觉得自己只是一个旁观者。

17. 有时候会向往隐士的生活，也相信自己可以过好这种生活。

18. 有些时候，很难让自己冷静下来。

19. 总觉得有什么事情在扰乱自己的心，让自己无法活在当下。

20. 有时候会感到内心空虚，有些迷惘，找不到方向。

21. 觉得自己有问题，有一些缺点隐藏着，别人也许没有发现。

22. 很难做到自律。

对于这22个问题，如果你的答案大部分是"是"，那么你很有可能经历过情感忽视。

妈妈们可以用这些问题问问自己，也可以通过这些问题去观察孩子，和孩子交流，把这些当作一个参考。如果有必要，可以到医院用专业量表进行测试。

下面，我们来看一看哪些妈妈容易造成孩子的情感忽视呢？

1. 专制型的妈妈

"孩子做什么，怎么做，都要听我的意见。孩子怎么想不重要，按我说的做就好了。"这属于明显的情感忽视类型。

2. 放纵型的妈妈

被父母放纵的孩子不知道自己行为的边界在哪里，当他做了一些不恰当的事情，比如，初三的孩子马上要中考了，可是还经常在家里打游戏时，父母不说不管，这样孩子就得不到来自父母的明确反馈，对孩子也是一种忽视。

3. 自恋型的妈妈

自我感觉特别好，觉得自己比别人都要高人一等，这种妈妈很容易目中无人，很难看到孩子的情感变化和需求。

4. 情绪抑郁的妈妈

这其中可能因为离异、丧偶、家庭成员身体有严重疾病、夫妻关系糟糕等现实中的问题造成妈妈精神上的抑郁，致使她已经无暇再去管理孩子了。

5. 忙碌的妈妈

有些妈妈很忙碌，甚至从思想上觉得赚钱比管孩子更重要，整天忙着工作，心思没有放在孩子身上。

那么，妈妈们应该做些什么以避免对孩子造成情感忽视呢？最重要的就是学会与孩子共情。共情，就是站在别人的角度去理解、感同身受别人的感受。简单点说就是如果那个人是你，你会感受到什么，理论上讲你会感受到与他同样的感受。

那么，如何做才能与孩子共情呢？

最简单的共情方法是：当孩子说话时，你只需要叫对方的名字，然后重复她话中的主要内容就可以了。这是最简单的方法，大家可以先试一下。

比如，前面案例中琦琦的父母去马尔代夫玩没有带孩子，琦琦很伤心，妈妈可以和孩子这样共情。

琦琦："你们出去玩为什么不带我？"

妈妈："琦琦啊，你是说我们出去玩为什么不带你，是吗？"

琦琦："是啊，你们每一次出去都不带我。"

妈妈："你是说我们每次出去都不带你吗？"

琦琦："就是的，你们只顾自己玩，你们不爱我。"

妈妈："你真的觉得妈妈不爱你吗？"

琦琦："是，就是的。"

通过这样简单的共情，知道孩子的渴望是在呼唤妈妈的爱，这时候，妈妈可以先抱一抱孩子。拥抱可以促进多巴胺的分泌，使人感受到快乐。此时，拥抱胜过语言！妈妈可以多抱一会儿孩子，享受这一刻美好的亲子时光。

接下来，继续对话。

妈妈："妈妈错了，那你觉得妈妈下次怎样做，你才会觉得妈妈爱你呢？"（了解孩子的期待）

琦琦："下次，你们出去要带我一起去，咱们一家人在一起，这样我才觉得你爱我。"

妈妈："琦琦，妈妈一直都很爱你，这一次妈妈做得不好，你可以原谅妈妈吗？下一次，妈妈一定带你，好吗？"

就是这样一个简单的对话，妈妈看见了孩子的渴望和期待，接下来只要实现诺言，满足孩子就好了。

能与孩子共情，就是在孩子情绪变化的重要时刻与孩子在一起。共情主要有以下两个应用场景。

（1）当孩子从一种情绪中被妈妈硬拉到另一种情绪中时，妈妈就要和孩子共情。妈妈需要提升自己的觉察力，敏锐地捕捉孩子情绪的变化。

（2）当孩子生活中发生一些比较重要的事情或者重大事件时，一定要和孩子共情，并在情感上稳定有力地陪伴和支持孩子。

教养直播间

这次咨询后，琦琦妈妈通过不断练习，成了一个共情高手，和孩子有了很多良性互动，并答应孩子，放假全家人一起去巴厘岛玩。

你要的这些东西我不会给你买

个案回放

今天来到咨询室的是彤彤妈妈。

彤彤妈妈衣着朴素，暗色的裙子搭配一双黑色的看起来有些旧的鞋子。脸上的皱纹和面颊两侧的黄褐斑似乎在告诉我，她并不在意外在的修饰。

我请她先讲讲来咨询的目的，她说："我家彤彤上三年级，最近退步很大。有些数学题，特别是应用题，她不会做，我要给她讲很多遍才行。她不像别人家的小孩，讲一遍就会了。她这个孩子，要讲好几遍，还是不会做，而且特别执拗。我交代她去做的一些事，她表面上答应得好好的，可实际上根本就不做，总是应付我……"彤彤妈妈越说越生气，能听出来她有些急躁和不耐烦。

"我想问问你们的亲子关系怎么样？"我问。

"我觉得还可以吧，但是，她这孩子有个毛病，我特别不喜欢。出去逛街的时候，总喜欢让我们给她买一些小玩具。那些小玩具看起来质量不好，有的家里已经有了，所以，我们一般都不会给她买。上一次，她在公园看到别的小孩玩吹泡泡时，想买一瓶泡泡水。因为家里已经有泡泡了，我就说不买。她闹了半天，我后来说：'不买就是不买，不要给我再闹了。'结果她哭得更伤心了，还说我们不爱她。"

"这种事经常发生吗？"

"她经常跟我们要小玩具、小零食。在学校门口，或者看到别的小孩有个什么东西时，她就想要。"

"孩子要，你不给她买，那她的玩具和喜欢的东西都是怎么得到的呢？"我很好奇地问。

"我觉得她需要时就会买给她，而对于她乱要的那些东西，一般我不会买，我们觉得不能给小孩惯这些坏毛病。说好不买的东西就是不能买。"

🔶 个案分析

在这个案例中，彤彤妈妈很固执地认为，自己觉得好的东西就会给孩子买；对于孩子要的那些小玩意质量不好，或者家里已经有了时，孩子再闹，她也不会给孩子买。孩子已经有这么明显的负面情绪了，可是妈妈还没有发觉，也不理会，甚至完全忽视，只是坚定地固守着自己的观点。

这让孩子觉得妈妈根本就不爱自己。因为孩子和妈妈之间长期有这种负面情绪阻挡着，所以孩子很难听进去妈妈的话。

学到什么

今天，我们通过这个案例来聊一聊什么是内在的匮乏感和不配得感，以及如何给孩子买东西。

很多大人看着不起眼的东西，在孩子眼里都是宝。如果彤彤妈妈在孩子想要泡泡水的时候给她买一个，孩子可以在公园里和小朋友们一起开心地吹泡泡，那是多么幸福的事情。一个不起眼的小东西，就能让孩子瞬间被爱滋养。

我在做讲座的时候，常常给妈妈们举这样一个例子。

妻子问丈夫要买一些东西，前提是完全在丈夫经济能力承受范围内。

妻子："我想要这个包，今年的新款。"

丈夫："这个包和你以前的都差不多啊，有必要买吗？算了吧。"

过了一段时间，丈夫和妻子有了如下的对话。

妻子："我想要这双鞋子，搭配我那套衣服特别好看。"

丈夫："家里都是你的鞋，都没地方放了，还买啥啊！不要乱花钱。"

又过了一段时间，妻子和丈夫又有了如下的对话。

妻子："我想要这条裙子，特别漂亮，而且也不贵。"

丈夫："衣服有几件差不多就行了，好多衣服都没见到你穿！省省吧。"

假若你是这位妻子，如果丈夫总是这样对你，你会觉得他说这些话都特别对呢，还是觉得他一点都不爱你？

几乎所有妈妈都说："觉得他不爱我。真要是这样，气死了！"

孩子也是一样的啊！妈妈总是这样对孩子，孩子也会非常生气的。

大家在新闻中一定看到过类似这样的报道。有些巨贪官员，虽然贪了很多钱，但依然每天骑自行车上班，衣着朴素，居住条件也很一般。他把自己贪污的钱放在家里，一分钱也没有乱花。就好像电视剧《人民的名义》第一集中那个贪污的处长，家里一堵墙里全都是钱，床下面、冰箱里都塞满了钱，贪污金额上亿。这些钱，他没有花，说明他在物质上并不需要这些钱，但是他在心理层面上对金钱的匮乏感却是一个无底洞，永远填不满。那么，这种"心理上的穷"是从哪里来的呢？他在被抓时说了一句话："小时候，穷怕了！"

回到我们今天的案例中，彤彤妈妈如果总是不满足孩子的这些愿望，也可能让孩子陷入这种心理匮乏感之中，这样的孩子长大后即使拥有再多依然觉得不够。

彤彤妈妈这样做还会引发一个问题，就是孩子可能会因为较低的自尊而导致不配得感，也就是说，孩子在内心深处觉得自己不配得到这些好东西。这种不配得感会严重影响孩子的幸福感，甚至会影响孩子的婚姻。

在这个案例中，孩子缺的其实不是这些小玩具，缺的是父母的爱。缺爱的女孩，如果将来遇到一个非常优秀的男孩，女孩潜意识里会觉得：这么好的男孩，我是不配得到的。所以她就会做出各种奇奇怪怪的事情阻挡这段感情的顺利发展。

如果她在恋爱关系中得到一点点对方的关心和体贴，就很容易深陷其中，因为她太缺爱了，她会把得到爱看得特别重要，以为只要对方爱自己就行，于是会选择忽视对方的人品、素质、家庭背景等情况，这很容易导致女孩在婚恋关系中做出错误的选择。

下面说一说如何在给孩子买东西这件事情上立规矩。

规矩要有，可是孩子的感受也很重要。教育孩子是一门艺术，不是死板地遵守非黑即白的教条。所以我们的关键是要关注孩子的情感，当孩子出现一些负面情绪时，家长要能够及时和孩子共情，不要忽视孩子的情绪变化，这才是最重要的。

如果不买，家长要讲清楚不买的原因，并及时共情，让孩子感受到爱。如果家长在孩子的哭闹下勉强买了，可是又不停地抱怨，那么即使孩子得到了这个东西，也不会有被爱的感觉。

下面看看这个故事中的爸爸是怎么做的吧。

爸爸带孩子去超市，提前做好了规定，告诉孩子什么可以买，什么不能买。到了超市后，孩子看到一个毛毛熊，很想要，可是超出规定了。爸爸给孩子讲了规则后，孩子很懂事，就同意不要了。回到家后，爸爸笑着拿出毛毛熊对孩子说："这是给你的奖励，奖励你今天说到做到，言而有信！"孩子把毛毛熊抱在怀里，对他来说，这简直是一个大大的惊喜！

这位爸爸在这件事情的处理上，不仅让孩子学会了遵守规则，也让孩子感受到了遵守规则的好处，更重要的是感受到了爸爸的爱，这样的处理方式能够使孩子的内心充满爱的滋养，是不是很值得我们学习呢？

教养直播间

彤彤妈妈做过两次咨询后，她才意识到其实她对自己也很吝啬，总觉得还可以将就、凑合，不要乱花钱。这种观念来自原生家庭中母亲对她的教养方式。原来，这才是根源。她决定改变并疗愈自己，更好地爱自己，以便更好地教育孩子。

得知孩子得了抑郁症，我快要崩溃了

个案回放

一个雨天的下午，圆圆妈妈依约走进我的咨询室，她手里拿着伞，穿着米色的短风衣，很精干利落的样子。圆圆妈妈之前参加过我的工作坊，她总是乐呵呵的样子，从外表根本看不出她的生活中会有什么难题。

她坐在我对面，我先微笑着问道："圆圆最近怎么样？"

圆圆妈妈听后，收住笑容，低下头，声音低低地说："今年初，我带孩子去医院，圆圆被诊断为中度抑郁症，休学了半年。她现在出院了，症状平稳了很多。现在上高三了，明年要高考。但是，我还是很担心，我怕我一不小心说错什么或者做错什么，又让她的病情加重。我怎么样都行，可是孩子这样，我真的受不了，所以来找您。"

这段话的信息量好大，我听后也有点吃惊和心痛。圆圆是一个多么可爱的孩子，她妈妈参加工作坊的时候，我见过她，印象非常好。

圆圆妈妈接着说："小棠老师，上了您的工作坊之后，我知道我要先解决好自己原生家庭中的一些问题，然后才能更好地面对孩子和自己的家庭。本来早就要来的，只是孩子出了这样的事情耽搁了，现在孩子好一点儿了，我觉得我必须要面对我自己的问题了。"

很欣慰圆圆妈妈能有这样的觉察，并开始自我探索的旅程。这一次她之所以能够看到孩子的问题，其实和她自己的原生家庭有着千丝万缕的联系。要想从根本上解决孩子的问题，就要先回到原生家庭中修复自己曾经的伤痛。

我运用萨提亚转化系统治疗的一些方法，帮助圆圆妈妈回溯到她的幼年，开始梳理她的原生家庭，这条脉络展现出的画面，其中有以下四幅与我们本章的主题关系紧密。

（1）圆圆妈妈小时候住在农村，家里有三个孩子，上有哥哥下有弟弟。她人生最早的一幅画面是两岁左右的时候被父母用一根绳子绑在床上，她在床上走来走去，可以透过窗户看到外面，她在等待爸爸妈妈回来，那时的她感觉很孤独、凄凉。

（2）接下来的画面是她上小学一年级时，她从学校拿回来奖状，坐在门口，想给父母看这张奖状，可是他们来来去去就是没看她一眼。没有人看，也没有人夸奖她，他们对此视而不见。她那时候下了一个决定：我以后再也不学习了。

（3）第三幅画面是她放学回家，父母亲刚刚吵完架，妈妈还在生气。她肚子很饿，让妈妈给她做饭。可是妈妈还在气头上，根本听不见她在说什么，也没觉察到她的饥饿，她只能自己拿一个冷馒头吃。

（4）第四幅画面是她小学六年级的时候，爸爸被人诬陷入狱，妈妈四处打点，为父亲申冤，因此经常不在家，小小的她把家务都承担了起来。一天，她在种地时，看到表哥从地头走过，表哥非但不帮她，还投来嘲笑的目光。她做了一个决定：我要好好学习，不让你们再笑话我们家。

个案分析

这个案例中圆圆的妈妈在孩子得了抑郁症后，决定要解决自己内在的问题，这是一个特别好的觉察和决定，对很多妈妈也有启示作用。

很多时候，妈妈教育不好孩子，觉得很吃力，明明学习了很多家庭教育方法，可就是做不到。之所以会这样，是因为很多妈妈自己的议题没有处理好。这些议题很多都来自原生家庭，所以，回到原生家庭中修复曾经的创伤是很重要的工作。

圆圆妈妈回溯的这四幅画面都是典型的在原生家庭中被情感忽视的例子：她的父母看不到她，听不到她。所以，在她自己当母亲后，她对圆圆同样也存在情感忽视的情形。

学到什么

透过这个案例，我们可以谈一谈家庭教育中原生家庭代际传承这个话题。

在家庭教育中，很多家庭教育的方法就像家族基因一样被一代一代地传了下来。很多人做父母的时候，她的范本就是自己的父母，可这常常不是一个好的范本。比如，圆圆妈妈在原生家庭中被父母长期情感忽视，她被这样的教养方式折磨过，也因此痛苦过，但是她做了父母之后，同样对自己的孩子长期情感忽视。这就是代际传承。

同样都是被父母情感忽视，圆圆妈妈和圆圆的表现是不一样的。就像同样是感染了冠状病毒，有的人无症状，有的人症状较轻，有的人则可能会丢了性命。圆圆妈妈的生命力很强，她虽然被父母情感忽视，但是能在家庭遭到重大打击时涌起发奋学习的念头。可是圆圆是一个非常敏感细腻的孩子，父母长期的情感忽视再加上课业的负担，使她喘不过气来，她扛不下来，就病倒了。

下面，我们来具体说一说代际传承是怎么发生的。

1. 孩子幼年时的习得

美国利马·莱保博士在《定量脑电图和神经反馈》一书中，描述了大脑活动在不同发育阶段的进展。简单来讲就是，孩子从出生到六岁这个阶段，大脑主要是以一种低频脑波在运作，这种脑波可以使孩子从自己的生活环境中下载到天文数量的信息。

这个阶段孩子与父母相处的方式全都被下载到孩子的潜意识里，不论他是否喜欢，都只能被动接受，因为他还没有选择的权利和能力。下载的这些东西都会被大脑储存起来，成为孩子与外界互动的模式和基础。孩子如此被父母对待，其在做父母后也会按照父母对待他们的方式教育孩子。

2. 大多数父母只会言传，难以做到身教

中国人很注重对孩子的言传身教，可是很多父母是头脑里知道，行动上做不到。所以，他们常常是说得太多，做得不够。

有一位爸爸曾说，他为了督促孩子好好学习，让孩子多看书，就坐在孩子身边假装和孩子一起看书，但其实他偷偷把手机放在书上玩游戏。这是假的身教，孩子能发现不了吗？孩子的敏锐感知力超过父母的想象。孩子越小，他的感觉能力越强。很多事情，虽然父母没有说，但孩子能从家庭的气氛中、父母的眼神语气中感受到，吸收到。

3. 父母不愿意改变自己，只想改变孩子

大多数父母都不愿意改变自己，因为改变自己是很痛苦的，所以父母更愿意改变孩子。但如果父母本身的人格是不完整的，那他们很难去改变孩子，反而在养育过程中常常被孩子的行为激起很多自动化的反应。

当父母不愿意改变的时候，这些不良的自动化反应就会潜移默化地影响孩子。复印件就这样影印成了原件的样子。

既然代际传承的力量这么大，那么如何终结家庭教育中错误的代际传承呢？

1. 觉察

没有觉察，就没有改变。这次孩子生病，让圆圆妈妈觉察到如果不处理好自己的议题，孩子的病就没办法彻底治好。

回想我们的祖辈、父母的祖辈们，他们是从贫瘠的年代中走过来的人。在那个年代，他们经历的不仅是物质的匮乏，还有精神上的匮乏，对他们而言，吃饱穿暖就是最大的幸福。在那样的岁月里，他们难以给到自己的孩子足够的心理营养。所以我们的父母辈中的很多人并不知道怎样爱孩子，他们的教育方式存在很多的问题，已经不适应现在人们对精神的追求、对爱的追求。

2. 让力量回到自己身上

很多在原生家庭有过创伤的妈妈们，在成年之后，还处在和父母内在力量的对抗中，这样会让她们误以为是在勇敢做自己。其实，这仍然是被父母控制的表现。

当我们觉察到之后，我们需要卸下心中的怨恨，卸下我们在潜意识里和父母对抗的念头，只有这样，我们才能让力量回到自己的身上。

在现实中，这一点的确很难自己完成，可以请咨询师帮忙。

3. 迎接自己的第三次诞生

家庭治疗大师萨提亚女士讲过人有三次诞生：第一次是精子和卵子的结合，一个新的生命即将萌发；第二次是母亲的分娩，我们的出生；第三次是我们要活出真正的自己。

前两次诞生我们都无法做主，没有选择。但是第三次诞生，我们可以掌握自己生命的主权，为自己负责，做自己的主人，这个决定权完全在我们的手里。当我们愿意为过往所有的发生负责的时候，我们就会从受害者的角色中跳出来。不论现实中我们的父母如何，现在，我们可以成为自己最好的父母，转化父母在家庭教育中的负面影响。

当我们能够走出曾经生活的阴霾，成功获得第三次诞生时，我们的人格就会更健全。这时候，我们才有能力给予孩子更完整的爱，做错误养育方式的终结者。

教 养 直 播 间

　　前不久，圆圆妈妈告诉我，孩子已经成功考入国外某著名大学，学习心理学专业。母女俩成功地将危机转化为契机，她们都在人生路上遇见了更好的自己。

我不知道如何表达我的爱

个案回放

今天下午，来到咨询室的是小亮的妈妈。

小亮妈妈看起来很年轻，化了淡妆，穿着漂亮的套裙。从她的穿着和神态可以看出来她对当天的面谈非常重视。

落座后，我先请她讲讲前来咨询的诉求。

"是这样的，老师，我听了您的讲座，感觉很好，对孩子的教育方式也有了很多改变。孩子比以前好多了。但是，他的学习成绩还是让我有一点头疼，我想问问您有没有什么好的方法？"亮亮妈妈有点拘谨地说。

"那你能简单介绍一下你平时和小亮是怎样相处的吗？"我微笑着问道。

小亮妈妈抿了抿嘴唇，略微想了一下，说："是这样的，我们家里有自己的公司，我和老公都在公司上班。我有三个孩子，小亮是老大，其他两个一个上二年级，一个上幼儿园小班。一般下午五点多，我老公去幼儿园接我家老小，然后再去托管班接这两个孩子，我一般晚上九点多钟才能回家。"

这么年轻，已经有三个孩子了，这也是很少见的情况。

"那你回家以后和小亮有什么交流呢？"

"我回去的时候，小亮已经写完作业，就在沙发上看电视。我就跟他说别看电视了，快去睡觉吧，他就去洗漱、睡觉了。"

"你们几乎每天都是这样只有简单的几句话吗？"我问道。

"是啊，因为家里还有两个孩子，特别是老小，刚上幼儿园，我一回来就缠着我。"小亮妈妈语气中有些无奈。

"如果每天孩子见到你，差不多就是说几句话，那他怎么能接收到你对他的爱呢？"每天都这样，孩子的心理营养怎么能给够呢？

"我觉得小亮已经是大男孩了，不需要妈妈的爱了。"小亮妈妈说这话的时候，显得很自然也很肯定。

"你是说，你觉得小亮是男孩子，长大了，不需要妈妈的爱了，是吗？"我在和她确认这个观点。

"是啊，老师。"她似乎还未发现这有什么不对。

"那我问问你啊，你今年多大了？"

"我今年35岁了。"

"如果你的老公这么对你说，你都35岁了，都这么大了，你还需要什么爱呢？然后他就不关心你了，每天也没什么话和你说，你觉得可以吗？"

听到这话，小亮妈妈的脸部肌肉拧在了一起，她面露难色地说："哎呀，这当然不行了。听您这么一说，我一下子就明白问题所在了。"

小亮妈妈显得很自责，低着头不吭声了。

我问："那你今天晚上回去，可以多和孩子交流一下，让孩子多感受到你的爱吗？"

小亮妈妈想了想说："老师，说句实话，我不知道应该和孩子怎样说话，我心里很爱他，可是那些话我总觉得说不出口！"

"那是什么在阻挡你呢？"我好奇地问。

"我不知道应该和孩子怎样说话，感觉平常生活中的这些事情，有啥可说的呢？要怎么说，才算是表达了我的爱呢？"

▌个案分析

从这个案例可以看出小亮妈妈很爱孩子，但是现实的情况是她常常忽视孩子。通过交流，我发现她有一个固执的观念：男孩子长大了，不需要爱了。这是因为在她自己的成长历程中，父母没有这样对她表达过爱，所以她也不懂得爱孩子。

学到什么

　　小亮妈妈和很多妈妈一样，虽然很爱孩子，但是不知道如何在日常生活中表达自己的爱。觉得平时生活就是吃喝拉撒、学习这些事情，那些甜甜蜜蜜的话说不出口。

　　现在我们就通过这个案例来说一说和孩子沟通的55387法则。具体来说，在沟通中，身体语言占55%，语气占38%，内容只占7%。可见，在沟通中，内容只占了很小的比例，所以怎么说比说什么重要得多。

　　让我们以小亮妈妈和孩子的生活场景为例，我们的目标是和孩子每天至少五分钟专注地对话，妈妈每天把这五分钟的时间完全给孩子。小亮妈妈首先要做的是，回家后先安顿好自己的情绪，然后坐在孩子身旁，如果孩子已经上床看书，妈妈可以这样开场：

　　妈妈："小亮，你看的是什么书啊？"

　　（和孩子说话，先要亲切地叫孩子的名字，注意身体的姿态和说话的语气。）

小亮："《十万个为什么》！"

妈妈："《十万个为什么》这可是一本好书，我可以看看吗？"

（可以拿过来，认真地看一下，让孩子感觉到你对这本书真的很感兴趣。）

妈妈："你现在看到哪里了？"

小亮："我看到这一节《铅笔是用铅做的吗》。"

妈妈："铅笔是用铅做的吗？这个问题我还不太清楚呢，你能给妈妈讲一讲吗？"

（孩子在讲的时候，妈妈一定要微笑着全神贯注地倾听，从眼神中流露出对孩子的欣赏和肯定。这些无声的表情都能够很好地激励孩子，与孩子联结。）

小亮："铅笔是这样的……"

妈妈："你讲得真清楚，我这次可听明白了。"

（讲这些话的时候，可以握住孩子的手，或者摸摸他的头，身体上的接触都可以传递爱的能量。）

妈妈："我小时候，家里也有《十万个为什么》。那一套书是我最喜欢看的，我记得封面是红色的。妈妈像你这么大的时候，每天放学回家写完作业，就抱着那本书看。那时候家里没什么书，那本书就是我的宝贝。"

（孩子都喜欢听家长讲他们小时候的故事，家长可以根据情况，经常给孩子讲讲自己的故事。）

小亮："是吗，妈妈？"

妈妈："是呀，妈妈也是从你这么大的小孩子一点点长大的啊。你要喜欢听，妈妈可以多讲给你听。"

小亮："好啊，妈妈，我喜欢听。"

妈妈："那好啊，那接下来还有一点时间，你是想听妈妈给你讲我小时候的故事，还是自己看一会儿书？"

（与孩子对话，多使用问句，问句能让孩子觉得是自己在做选择，而不是被妈妈控制。）

小亮："今天妈妈已经给我讲了这么多了，还有弟弟妹妹等妈妈呢。"

妈妈："小亮真是一个懂事的孩子，妈妈好爱你！"

（结束谈话之前，再次拥抱一下孩子，或者亲亲孩子，这对孩子来说很重要。）

从这段对话中我们可以看到，即使从生活中不起眼的小事入手，妈妈也可以和孩子更深入地联结并倾注对孩子的爱。

我经常看到父母和孩子之间都不是真正在对话，常常听起来是在较劲儿、训斥或者嘲笑、鄙夷。我们会不自觉地按照过往的人生经验，一张嘴就是命令、说教、抱怨和指责，目的是要孩子听话。但是在这种情况下，常常是家长在说，孩子在听。家长很少懂得欣赏孩子，也没有深入地了解孩子的内在。我们这样和孩子说话，孩子怎么会愿意和我们讲话呢？

这不是真正的双向交流！那么，跟孩子对话，我们应该怎样做呢？

首先，我邀请大家每日练习五分钟。在每天的生活中，抽出五分钟和孩子进行专注对话。注意要在肢体、语态上专注，利用短短的五分钟，进行十句以上的"乒乓球式"对话。这会使我们渐渐地改变以往的对话习惯，也会体验到对话的快乐。

其次，在对话的过程中怀着好奇，放下评判。对表面的行为进行评判常常会发生错误。对方说话时，只要专注投入，自然会产生好奇。懂得好奇而不随意评判，这样我们和孩子的对话就会变得有趣，孩子也愿意和我们沟通了。

最后，学会复述孩子说的话，与孩子核对。我们在说话的时候，常常会有自动化的语言，如敷衍、闪躲、解释、不信任、防御或者攻击对方。要想解除对话中的自动化语言，这里有一个简单方法：重复孩子的语言。

复述语言可以起到核对的作用。我在对话之中经常使用复述语言的方法。如果复述的语句使用得自然，就像照镜子，能让对方重新接收到自己讲出来的信息，进而确认，或许能减少误会。

教养直播间

在我教给彤彤妈妈对话的方法后，一天放学的时候，彤彤妈妈特意对我说："老师，谢谢您，用了这个方法之后，孩子神奇地进步很多，昨天他还对我说'妈妈，我爱你'……"

第三章

二胎家庭，
如何养好两个娃

MAMA

DE

JIEYOU

ZAHUOPU

　　随着国家二胎政策的放开，二胎家庭越来越多。因为父母不当的养育方式，由二胎竞争引发了很多孩子的偏差行为。一般来讲，当妈妈生了小弟弟或者小妹妹后，由于时间和精力非常有限，疏忽大宝的养育是常见的现象。在现实中，还有一种情况是二宝吃大宝的醋。这两种情况，在这一章的内容中都会有所体现。

　　孩子产生偏差行为的主要原因是父母给的心理营养不够，所以这一章主要来聊一聊心理营养的话题。这是非常重要的内容，不仅二胎家庭的孩子需要，每一个孩子都需要。

你都这么大了，还要妈妈抱吗

今天是学生报到返校的日子，安静了一个暑假的校园被孩子们的笑声再次填满。我看着孩子们纯真可爱的模样，又一次被这种单纯的美好感染。

开学工作很多，我在办公室写材料。这时候，三年级的王老师来找我。年轻的她噘着嘴巴、气呼呼的样子，我猜想一定是发生了什么不开心的事情。我请她坐下慢慢说。

王老师新接的班级是三一班，今天是她和孩子们第一次见面。王老师按照常规要求检查孩子们的暑假作业。当检查到小波的作业时，他很生气的样子，说没有带作业。王老师再追问的时候，他气鼓鼓地说本子丢了，然后就拿起凳子要打王老师。

开学第一天见孩子，就遭遇这样的事情——学生直接给老师一个下马威，王老师觉得很委屈，教书十多年还没有遇到过这样的事情。

"我好好和他说话，又没批评他，他怎么就这样呢？"

我很理解王老师当时委屈的心情，劝慰她说："别着急，孩子这样做一定是他内在积累了很多的情绪，他这种情绪并不是针对你的，他只是在发泄他的情绪而已。通常，在这种情况下，他的家庭教育一定有问题，请他妈妈来一下，我和他妈妈谈谈。"

小波妈妈如约来到咨询室，我向她询问了小波的基本情况。

"是这样的，老师。小波上一年级的那年冬天，我生了二宝。那时候，我带着他们两个和他爷爷奶奶住在一起，因为他爸爸经常出差，老人可以帮我一起照顾孩子。二宝一岁以后，也就是小波上二年级的时候，我就带着二宝回到自己家里住。我家离学校远，我一个人实在照看不过来他们两个人，于是，就把小波放在了他奶奶家里，周五放学后，他奶奶把他送回来。"

我一听就明白了，原来是家里有了二宝。这很可能就是引发小波问题的根源。我请小波妈妈继续讲下去。

"有了二宝以后，小波就变得有点和以前不一样，都上二年级了，回到家里还要让我抱，我说'你都这么大了，还要妈妈抱吗？'我就把他推开了。照顾二宝真的很累，我希望他能够懂事一点，可是他倒好，变得越来越黏我，很多以前能做好的事情也做不好了，还常常说我不爱他。上学期的时候，学习也退步了，在班里不遵守纪律。老师说他上课的时候，遇到不喜欢听的内容，就钻到桌子下面自己玩，为此老师请我到学校里谈了好几次。我带他到医院去检查，医生说是精神行为异常，还住了院进行过治疗。出院以后，他还是一点也没有改变。怎么现在竟然发展到都敢打老师了，真的很抱歉……"

个案分析

　　小波的例子是典型的二胎家庭里常有的现象。在现实中，很多妈妈生了二宝之后，疏于对大宝的照顾，大宝缺乏内在心理营养后，就会出现各种学习和行为偏差。

学到什么

　　借助小波的案例，我们可以来聊一聊二胎家庭如何养好两个孩子。上面讲过了，这种问题的关键是补足孩子的心理营养。

　　那么，什么是心理营养呢？

　　心理营养是家庭教育专家林文采博士提出的概念，意思是说，孩子的成长不仅需要物质上的营养，还需要心理上的营养。孩子只有获得了充足的心理营养，内在的力量才能发展出来，才能够绽放生命的五朵金花。

孩子从出生到六七岁这段时间，是父母给予心理营养的关键期。能在关键期及时地将心理营养给到孩子，那是最好的。当然，不能只是在关键期才给孩子心理营养，孩子在成长的过程中一直都需要心理营养，父母要持续地给孩子才好。这和从日常饮食吃饭中获取营养的道理是一样的，每天都需要。

如果父母在孩子关键期没有做好，也不用焦虑。从现在做起，在孩子真正独立生活以前，补给孩子都可以。只是孩子越大，教育起来会比小时候更费力，需要父母更多的耐心和爱心。

在二胎家庭中，很多大宝在幼年时的心理营养就已经是缺乏的了，当有了二宝后，这种缺乏就会更加明显。

心理营养一共有五种，今天咱们先来学习其中两种。

心理营养1：无条件的接纳

孩子在0~3个月的时候，刚出生不久，非常娇弱，他的一切都需要父母来照顾。在这个时候，父母并不知道这个孩子将来长大会怎样，是否学习好、表现出色、孝敬父母等，但是父母要无条件地满足孩子的一切需要，这就是孩子最渴求的。

在给予心理营养这点上，孩子越小的时候父母越容易做到。但是随着孩子的长大，特别是进入学龄阶段后，妈妈对孩子的各种要求就逐渐多了起来。

在生活中，我们常常会听到妈妈对孩子说这样的话：

"你这次考试如果能得100分，我就带你去吃肯德基。"

"你这次考第一名，暑假我就带你出去旅游。"

这种看似没有问题的话语，其实就属于有条件的爱，会给孩子发出一种信息：我只有好好学习、成绩好，才可以得到妈妈的爱。我的价值与学习成绩联系在一起。这样短期来看好像没有问题，太多妈妈都说过这样的话了。但是随着孩子学业难度的增加，特别是升入初中、高中以后，孩子的心理负担也在逐步增加，如果孩子某次考得不好，他会觉得"完了，我考不好，妈妈不会爱我了，我将失去妈妈的爱"。所以，大家可以看到很多孩子在考试失利后轻生的痛心案例！

无条件的爱就像为孩子的生命撑起一张巨大的网，孩子不论遇到任何打击和遭遇，都会有这张爱的大网托起他的明天。

所以，我们需要让孩子清清楚楚地知道妈妈爱他，请现在就告诉孩子："即使全世界的人都不爱你，即使你做错了事，妈妈也永远爱你！你在我心里永远最重要！"我想，那些因为考试没考好而轻生的孩子，当他们在生死之间徘徊的那一刻，如果心中有这种爱，有这份依恋，也许会把他们从死亡线上拉回来。因为自杀只是一个失效的解决问题的方式，如果还有其他方式可以解决孩子心中的难题，相信孩子一定不会选择这条路。

看到这里，妈妈们可能会疑惑：孩子做错了就是做错了，难道他不写作业、打架骂人，我也要接纳他吗？

在这里，我想请大家问问自己，是否认同这样的观点：即使好孩子也会犯错。孩子今天犯了错，并不代表他就是一个坏孩子。

我们所讲的无条件的爱指的是接纳这个人，而不是他的行为。大家可以把这个人和他的行为分开吗？如果可以，那么我们对孩子的教育就向前迈进了一大步。

孩子在最不可爱的时候，才是最需要爱的时候，特别是无条件的爱。爱因斯坦说过："爱是解决问题的答案！"看似很简单的一句话，其实揭示了很深刻的道理。如果亲子关系少了爱的维系，那么孩子的问题将难以解决。

心理营养2：我是不是你生命中最重要的人

孩子在0~3个月的时候，除饮食营养外还需要一个重要的心理营养，那就是孩子要知道"我是不是你生命中最重要的人？你会视我如生命，永远爱我，永远不会抛弃我、背叛我吗？即使我做错了事，你也会永远包容我吗？"

心理学上有一个概念——"重要他人"，指的是在孩子心理人格形成以及社会化的过程中，最具影响力的一个人，这个人的养育态度及行为举止，将对孩子的成长形成决定性的影响。

很多人会觉得，孩子那么小，他能知道什么？其实，孩子在出生后三个月之内就能够感觉到谁最爱他了。小婴儿就像一个超级雷达，他的各种感官非常敏锐，接收着周围的一切信息，只是他还不会说话。

这个"重要他人"是孩子自己挑选的，一般来说，孩子当然是选择妈妈、爸爸。可是有的父母在孩子生下来不久就把孩子送到爷爷奶奶或者其他亲戚家里，特别是一些生二胎的父母，他们没有时间和精力照顾孩子时，在这种情况下，孩子选择的"重要他人"很可能是父母以外的人。

每一个人从一出生，就渴望找到自己生命中的重要他人，并且渴望从这个人身上得到无条件的爱。如果孩子在家里没有找到的话，他会在今后的一生中不停地寻找，一直到找到为止。上小学，他在老师中找；上中学，他可能会在同学中找。

如果孩子缺乏这种心理营养，那么，他在成人后就很难取得真正的成就，因为来自他内在的干扰太大了，阻碍了他的发展。即使他是一个天生资质很好的人，也可能由于缺乏内在心理营养而浪费掉这样好的资质。也就是说，不论这个人多么聪明，各种条件有多么好，可如果这种心理营养缺乏，他就很难真正成才（除非他自己觉察到，去努力改变）。所以，我们做父母的一定要给足孩子这种心理营养，这样孩子才能把他优良的天资最大化地发挥出来。

教养直播间

　　小波的妈妈采纳了我的建议，在学校附近租了一套大一点的房子，和两个孩子一起住，并注意给孩子提供充足的心理营养。这个妈妈真棒，在她的努力下，小波的转变令人惊叹。仅仅一个月的时间，孩子就发生了可喜的变化。课间的时候，他常常跑到我的身边，围绕着我一边跑一边笑，那真是生活的美好瞬间……

一碗水端平咋就这么难

今天预约咨询的是琳琳妈妈，她的装扮很年轻时尚，真看不出来已经是两个孩子的妈妈。落座之后，琳琳妈妈就开始向我倒苦水。

"老师好，我家琳琳今年上五年级了，一直都很懂事，学习也很好，但是最近不知道怎么回事，学习成绩退步了很多，老师反映她这段时间心思没在学习上。"

"你们家里有两个孩子，是吗？"我问她。之前我听孩子班主任提起过一次，所以与她核对。

"是啊，我家二宝今年上幼儿园中班，很顽皮，没少让我们操心。"虽然是指责二宝的话，可是琳琳妈妈满脸隐藏不住对二宝的宠溺。大宝是女孩，二宝是男孩，对于很多重男轻女的家庭来说，偏心是显而易见的。

"有了二宝后，琳琳有什么变化吗？"

琳琳妈妈略微想了想，说："这孩子其实一直非常懂事，不用我们操心，可是最近变化有一点儿大。有时候会在家里发脾气，说我们偏心眼，不爱她，只爱弟弟，家里有什么好吃的都是先给弟弟吃。我们告诉她，我们对她和弟弟是一样的，可是她不相信。然后就给我们举很多例子，都是些我们没在意的小事情。说有一次吃饭，只剩下一个鸡腿，我给她弟弟吃了，对此她很有意见。这些鸡毛蒜皮的小事，谁多一点、少一点的，我早就忘记了，可是她记得特别清楚。其实，这两个孩子我都是一样爱的，但是琳琳总是觉得我们爱弟弟更多，冷落了她。因为弟弟小，确实很多事情需要我们多照顾，可是心里的爱都是一样的啊！老师，请问养两个孩子，这一碗水端平咋就这么难呢？"

个案分析

在有两个孩子的家庭里，常常出现这种情况。很多父母觉得是同样爱两个孩子的，可是孩子实际的感觉却不是这样的。当和两个孩子相处时，由于各种原因，父母很容易更偏爱其中的一个，也许是这个孩子更讨人喜欢，更有眼色，嘴巴更甜，性格更容易相处，等等。因此，父母对两个孩子说话的语气和神态都可能会有细微的差别。所以不管父母是怎样想的，只要琳琳觉得妈妈偏心了，那她就会坚信这个观点。

学到什么

孩子觉得妈妈不爱自己，主要原因是心理营养的缺乏。不管父母给孩子的爱不够，还是爱的方法不正确，孩子都觉得心理营养欠缺。今天，我们继续来看一看除了上一节提到的两种，还有哪几种心理营养呢？

心理营养3：安全感

孩子出生后四个月到三岁这个阶段，是孩子建立安全感的关键时期。这个阶段是孩子与父母剪断心理脐带的过程，如果这个过程没有做好，孩子将不知道怎样独立。

在安全感的获得方面，妈妈的作用要大于爸爸。因为小孩子在三岁之内，会觉得自己和妈妈是一体的，孩子要独立，就要从这个一体中独立出来，关键是在心理上和妈妈安全的分离。所以在这个过程中，妈妈一定要注意自己的言行对孩子造成的重要影响。

那么，如何建立孩子的安全感呢？父母可以从以下几点着手。

（1）妈妈的情绪稳定。

在安全感的建立上，妈妈一定要注意稳定自己的情绪。

在讲座中，我经常会进行现场统计，问问现场的妈妈，有多少人觉得自己的情绪是稳定的，结果是常常最多只有一个妈妈举手。特别是在妈妈给孩子辅导作业的时候，临近期末，作业多，妈妈又着急，很难做到稳定自己的情绪，情绪就像一个定时炸弹，不知何时就会爆炸。

这样对孩子安全感的建立有很多负面影响，使孩子难以专注于自己的学习，处于一种应对状态，以致干扰自身的发展和成长。

（2）夫妻关系稳定。

夫妻关系稳定也是孩子安全感的重要来源。有一天早上，我学校门口有个三年级的小女孩哭闹着不进学校。爸爸给孩子做了半天思想工作后，孩子还是哭哭啼啼地闹个不停，怎么哄都不行。爸爸不知道孩子为什么会这样，便问了孩子，孩子边哭边说："昨天晚上，你和妈妈说要离婚，我都听见了……"

小女孩听到的爸爸和妈妈要离婚的对话，也许他们只是吵架时说的气话，可是孩子非常害怕和担心。因为爸爸和妈妈是孩子生命中最重要的人，如果爸爸和妈妈要分开，那孩子会感觉整个世界都坍塌了，非常没有安全感。

（3）放手让孩子做力所能及的事。

随着孩子年龄的增长，可以做的事情越来越多。对于孩子自己能做的事，父母一定要放手让孩子自己做，在这个过程中，不要催促孩子，不要计较结果如何，允许孩子犯错。孩子只有在不断试错的过程中，才能积累经验，获得自信，对建立安全感有重要的作用。

大家试想一下，我们成人在做事的时候，面临一项从未做过的任务，心里会感觉怎么样呢？有点害怕和担心，是不是？孩子也是这样，他自己能做的事情越多，就越踏实，越自信，感觉越安全。反之，我们之所以看到有些被溺爱的孩子长大以后成为啃老的巨婴，是因为这样的孩子从小被父母包办代替得太多，他不知道自己能干什么，会对自己产生怀疑，"是不是离开父母，我什么都干不成"。这样的孩子害怕独立面对这个世界。所以，即使长大成人，仍然害怕地躲在父母的羽翼下。

心理营养4：肯定、鼓励和赞美

这种心理营养是孩子在四五岁的时候最需要的。孩子三岁之前，会觉得自己和妈妈是一体的。三岁以后，孩子和妈妈剪断了心理脐带。孩子知道自己和妈妈是两个人。妈妈是妈妈，宝宝是宝宝。

三岁以前，孩子主要的活动范围是家里，接触最多的就是家里的几个人。可是三岁以后，他要走出家门，很多事情需要自己去面对。特别是上了幼儿园，一下子要面对那么多小朋友及老师，完全是陌生的人和环境。孩子的世界一下子变得大了很多，各种情况也复杂了很多，这些对孩子来说无疑是非常重大的挑战！

当孩子面对这一切的时候，他的内心会有很多的惶恐和不确定。他多么渴望父母在他探索世界的时候，能够肯定他的一些做法和想法，让他清楚怎样做才是对的；他多么渴望父母在他遇到挫折的时候，鼓励他继续向前；他多么渴望父母在他做得好的时候赞美他，让他知道自己有多棒。

这时候的孩子最需要父母的肯定、鼓励和赞美。当孩子听到这些话的时候，他才会逐渐认识到"我是谁""我在做什么"，才会觉得自己有价值，也变得更有自信，更愿意去面对各种困难和挑战。父母的这些肯定、鼓励和赞美会让孩子的生命从根部获得滋养，得到爱，从而很自然地茁壮成长。我们知道，每个生命都渴望向上、向善，没有哪个生命来到这个世界上是要自暴自弃、自我毁灭的，这不符合自然，这不是生命的本义。

三岁以后，孩子的活动范围变大了，对世界更加好奇。他们想要更多地去看，去听，去触摸，去尝试。可是家长们出于对孩子的保护，最常说的是"不要干这个！""不要动那个！""给你说了多少次，这个不能碰，危险！"……我们在孩子最想要去探索世界的时候，用了太多"不要"把孩子圈住了。

更加糟糕的是，当我们看到孩子做得不好的时候，又恰逢我们自己心情不好，有时候就会去批评、指责和抱怨孩子，甚至是嘲讽、挖苦孩子。

"你怎么这么笨，简直像个小笨猪！""为什么别的小朋友在幼儿园都能好好午睡，你就不能好好睡，你哪里来的那么多话，下课再说不行吗！""老师说你每次吃饭都比别人慢，你是咋搞的？以后吃快一点！""你怎么一送幼儿园就生病，到底是怎么回事？你一生病，谁在家照看你啊！"

对于父母在无意中说的这些话，孩子全都信以为真，因为这么小的孩子会认为大人说的都是对的。

所以，他在潜意识里会觉得"我不好，我不行，我总是惹妈妈生气；老师不喜欢我；我身体不好，总是生病；我做不好这件事，我是笨猪，我脑子有问题……"

当孩子有这么多认为自己不好的认知的时候，就处于一种求生模式当中。如果父母没有发现这样做有什么错，继续这样对待孩子，那么这种负面影响就会一点一点地在孩子心里慢慢积累。冰冻三尺非一日之寒，等积累到一定程度，父母就会觉察出孩子的问题。有的是在孩子刚上一年级时发现的，有的是在孩子上三四年级时发现，有的要到青春期才能发现，有的甚至更晚。父母发现孩子的问题主要体现在缺少自信，退缩，学习提不起劲儿，做事懒散没动力，等等。

鉴于此，我们给出如下五点建议。

（1）爸爸要多肯定、鼓励和赞美孩子。

爸爸对孩子的肯定和赞美比妈妈更重要。女孩得到爸爸的肯定后，会觉得自己是一个好女孩，作为女性她是很有价值的。男孩得到爸爸的肯定后，会觉得自己是个好男孩，他在男性角色上是很好的。所以，爸爸的肯定、鼓励和赞美对孩子的性别认同作用更大。

（2）要注意自己的态度和语气。

这就是说，赞美的话一定是我们发自内心给孩子说的，不只是头脑里知道要鼓励孩子，嘴巴上说说而已。发自内心说的话，有一种爱的能量在里面，孩子能感受得到。如果只是嘴巴上说一说，没有这种能量，孩子也能感受得到。有个孩子曾经对我说："别看我妈平时经常夸我，其实我知道，在她的心里，我永远都比不上我们班的第一名。"

（3）有研究发现，孩子要获得5000个赞美才能拥有自信。

大家算一算，这要多长时间才能完成。而且是发自内心的，不是随便说说"你真棒"，真的不容易达到。

（4）在孩子做对事情的时候给予肯定、鼓励和赞美，并且要告诉孩子哪里做对了，展现了怎样的品质。

比如，"我看到你在玩这个游戏之前仔细观察了很久，真棒！""我看到你今天虽然很累了，仍然坚持阅读，加油！"

家长要对孩子到底做对了什么进行准确的描述，孩子就会知道这样做是对的，自己以后就应该这样做。

这里，送给大家几个肯定、鼓励和赞美孩子的金句。在说之前，先要叫孩子的名字，然后加上这些金句效果会更好。

"果果，我知道虽然这些很难，但是你一直都在坚持！"

"果果，你刚才做游戏的时候，和小朋友合作得很好！"

"果果，你把自己的房间整理得很干净，每个东西都摆放得很整齐！"

"果果，你刚才用的这个先周围、后两边的方法很有创意！"

"果果，你帮同学找到了本子，真是乐于助人啊！"

"果果，我看到你刚才打球的时候很努力啊！"

"果果，你在书写上进步了很多，尤其是左右结构的字，写得特别好看！"

值得提醒的是，赞美要言之有物，即要表扬孩子努力过程中用的方法和展现的品质，而非聪明和天赋！

（5）不要谬赞孩子。

赞美是需要的，但是请不要谬赞孩子。比如，孩子坐地铁时虽然情绪不好，但是没有吵闹，妈妈说："宝宝好棒，没有吵！"孩子捡到一块石头时，妈妈说："哇，宝宝好厉害，捡了一块石头"！辅导作业的时候，明明是很简单的题目，孩子做对了，家长在旁边激动地说："你真聪明！"

对于以上类似的过誉和谬赞，孩子能感受得到，这样的赞扬并不能促进孩子的成长。当孩子做了自己应该做的事情，妈妈只需要说"谢谢"就好了："谢谢你在地铁上很安静。"当孩子做了他能力范围内应该做好的事情，只需要微笑地回应就好了，告诉孩子："我看到了，我听到了。"

教养直播间

　　这次咨询让琳琳妈妈意识到了原来孩子是多么敏感，自己很多时候太疏忽琳琳的感受了。两个月后，琳琳的老师告诉我，以前的琳琳又回来了，六一文艺会演的时候，她还在班上的节目中当领舞呢！

小宝竟然吃大宝的醋

今天来咨询的是小清妈妈。

她看起来很成熟、沉稳的样子，似乎比同龄妈妈要年长一些。交谈后，才知道原来小清妈妈的大女儿都已经上大学了，小女儿才上小学三年级。

小清妈妈皱着眉头，说起了她的困惑："我的大女儿已经上大学了，这个孩子从小就特别懂事，给她的生活费，她总是省吃俭用的。周末还要带家教，虽然在同一个城市上大学，也难得回来住两天。

"家里其实根本就不缺钱，我不想让她把业余时间花在做家教上。我想她在大学里好好找个男孩子谈恋爱，以后离开学校，想遇到优秀的男孩就没那么容易了。所以，她回家的时候，我就带她出去逛街给她买些衣服，做做美容等，女孩子到了这个年龄要学会打扮自己。我没觉得这有什么不对的啊！

"谁知，小女儿小清对此不乐意了。那天因为她的作业有点问题，我多说了她两句，她竟然大哭起来，一边哭一边说：'您只爱姐姐，不爱我！你对姐姐说话总是笑眯眯的，还和她一起逛街买漂亮衣服。可是对我，您总是凶巴巴的，只知道让我好好写作业。您不爱我……'我听到这些都有点懵了，真没有想到她会这么说……"

个案分析

关于二胎家庭两个孩子的养育问题，平时比较常见的情况是父母对大宝的忽视。今天这个案例却是相反的情况。小清妈妈的大女儿上了大学，不经常回家，每次回来就会享受特别的优待。并且，妈妈希望大女儿在大学里能谈个恋爱，找个男朋友。伴随这一期待的同时，在小清妈妈的内心深处有一种对女儿即将离开自己的担心和不舍，所以她特别珍惜和大女儿相处的时光，从而在不知不觉中忽视了小女儿小清的感受。

学到什么

对于三口之家来说，爸爸、妈妈、孩子三个人之间形成稳定的三角关系。如果增加一个孩子，家中的四人之间就会形成四种三角关系，情况比三口之家要复杂得多。如果和老人一起住，就会形成更多的三角关系。这也是为什么我们经常看到家里有了二宝后，家庭矛盾骤然升级。

如果四口之家中有一个三角关系比较稳固，很容易造成对其他家庭成员的情感忽视。

所以请各位妈妈在决定要二宝之前，一定要多学习一些家庭教育的知识。如果大宝教育得不好，孩子已经出现很多偏差行为，还要再生二宝，就会使养育难度升级，那一定会增加更多的家庭矛盾和教养难题。这些会令妈妈们更加焦头烂额。在现实中，很多生二胎的妈妈都陷入过这样的困境中。

前面两节我们讲了五种心理营养中的四种，接下来我们讲最后一种。

心理营养5：学习、认知和模范

这种心理营养的关键期是在孩子六七岁的时候。当他面对一些事情时，需要有人给他做榜样和示范，他在其中要进行学习，要知道怎么做才是对的。

孩子学习的榜样，一般来说就是父母了。孩子在家庭最基本的三角关系里潜移默化地学会了为人处世的方式、思维方式、说话方式（包括语言风格）等。

一个刚上一年级的小男孩入学才两周时间，老师就发现这个孩子很喜欢打人。老师和他的家长沟通后，家长也很为孩子的事情生气。可是他们没有发现，孩子爱打人正是从爸爸那里学到的坏习惯。因为爸爸经常打他，孩子理所当然地认为打人就是解决问题的方式。

还有很多孩子和同学在一起时，经常会说脏话，这些脏话大多数都是从家庭中学习来的，很自然地就被孩子带到与同学的交往中。

至此，我们已经把孩子需要的五种心理营养都讲完了。如果孩子能获得这五种充足的心理营养，他的生命之花就能够充分绽放。就像自然界中的花儿，在适合的环境中才能充分地成长、绽放是一样的。

在二胎家庭中，除了给予两个孩子充分的心理营养，还有几点需要妈妈们注意。

1. 要分别给两个孩子高质量的单独相处的时光

就算二宝小，需要很多时间和精力去照顾，也要保证和大宝每天至少有十分钟的高质量的相处。那么，什么是高质量的相处呢？它不是指两个人待在一个房间，而是指两个人能够有一些深入情感的对话（对话的方法可以参看其他章节）。每周都要抽出一定的时间和大宝一起单独去做一些事情，时间可以长一点。

2. 尊重大宝、二宝的家庭排序

在家里，大宝本来就比二宝早出生，父母要尊重大宝的家庭排序，那在很多事情上，天经地义就是大宝在二宝的前面。比如，我们之前提过的案例中，如果盘子里只剩下一根鸡腿，那么妈妈可以把决定权交给琳琳，问问孩子，这根鸡腿给谁吃。如果大宝琳琳给自己吃，没有问题，我们可以告诉二宝："大宝比你先出生，她是你姐姐，要让姐姐先选，就好像去餐厅吃饭，排号在前面的人可以先用餐。"也许二宝小，还听不懂，但是慢慢地他会知道并尊重这种序列。而琳琳呢，通过这件事知道了爸爸妈妈是爱自己、尊重自己的，即使她这一次选择自己吃，那以后她可能就会说："上一次我吃过了，这一次给弟弟吃吧。"要相信我们的孩子，也要相信其实比起一根鸡腿来说，孩子更在乎的是父母是否爱他。

3. 严禁家人或朋友拿两个孩子做不恰当的调侃

有一个孩子，妈妈生了二宝顾不上管他。我和他聊天时，问他："你妈妈生了一个小妹妹，是吗？"

孩子说："老师，有人说我妹妹是来和我争家产的。"

我听到这样的话很震惊，问："这话是谁说的？"

孩子说："是我们家的一个亲戚说的，他还说。让我把妹妹扔到垃圾筐，这样就不会有人和我争家产了。"

我听到这些话之后，内心真的非常气愤，这是怎样的心态才能说出这样的话。不论他是否在开玩笑，孩子一见我，开口就给我讲这些，说明这些话一定是存在孩子心里了。

我问他："那你是怎么看待小妹妹的，你觉得她是来和你争家产的吗？你会把她扔掉吗？"

孩子纯真的脸上露出了笑容："我很喜欢我的小妹妹，每天都要抱一抱她。我才不在乎什么家产呢？我每天回去都要和她玩呢……"

这就是我们可爱的孩子，听得我只想紧紧地抱住他。

每一个成年人，不论出于什么想法，都不要拿两个孩子做类似的调侃。

"妈妈生了小妹妹，就不要你了。"

"你是你妈妈从垃圾堆捡来的，你妹妹才是你妈妈亲生的。"

"你妹妹要是不听话，你就打她。"

"妈妈更爱你，还是你妹妹啊？"

"我看你妈妈整天抱着你妹妹，没时间管你，你还是给我当儿子吧。"

我们讲过很多次，在孩子的心中，他不懂得什么是玩笑话，即使我们大人觉得是很明显的玩笑话，孩子只会觉得那就是真话，都会信以为真。所以，如果父母听到周围有人给孩子说这样的笑话，一定要给孩子讲清楚，父母对两个孩子都很爱，避免这些消极语言对孩子造成负面影响。

教养直播间

　　小清妈妈不是故意忽视二宝的，这次咨询让她知道要回去跟二宝好好谈谈，表明自己对孩子的爱。她学习了一些关于心理营养的方法并积极去做。几个月后，原来的小清又回来了，生活中的这个教养问题已悄悄一闪而过……

发现大宝手机聊天记录里有色情信息

一天下班回家的路上，我收到一条信息。原来是小熙妈妈发来的，她说无意中发现孩子手机的聊天记录里有色情信息，她又气又急，不知道应该怎么办。

这的确是一件让妈妈头疼的事。我和小熙妈妈约了咨询的时间，请她当面来谈一谈。

小熙妈妈如约而至，我请她先讲讲具体情况。

"我有两个孩子，大宝小熙是个女孩子，今年上六年级，一直表现得还不错，很文静也很乖巧。小宝是个男孩，今年刚刚两岁。这学期以来，小熙晚上写完作业，就提出要在手机上看网络小说。我觉得孩子要看小说，也算是看书吧，就没多想。说实话，一个二宝已经够我忙的了，小熙能安静地看一会儿书，而不让我操心，我正求之不得呢。"

"那你是怎么发现那些信息的呢？"我问。

"是这样的，那天我在家里听见小熙的手机响，因为她上辅导班的时候忘了带手机。我当时就想看看这孩子一天都用手机干什么，于是就试着用她的生日打开手机密码，结果看到她的微信聊天记录里有一些色情图片、小游戏什么的。我往前查看了聊天记录，发现她们发这些内容已经有一段时间了。我当时很震惊，真想等她回来好好质问她到底是怎么回事。但我还是忍住了，考虑到孩子现在大了，如果我还用这种简单粗暴的方式对待她，那可能会让情况变得更糟糕，所以我来请求您的援助……"

个案分析

首先，很欣赏小熙妈妈能有这种觉察力，能在自己又气又急的时候按下暂停键，的确很不容易。如果小熙妈妈控制不好自己的情绪和孩子吵起来，然后火冒三丈地开始指责并揭穿孩子，那么会很容易让孩子产生羞愧感。

羞愧感是很糟糕的。心理学家大卫·霍金斯分析了各种情感的能量等级，其中羞愧感是等级最低的一种能量。这种能量犹如意识层面的自杀行为，在这种状态下，人恨不得找个地缝钻进去，或者希望自己隐身。孩子会觉得自己很差劲儿、丢人，甚至肮脏。羞愧感让孩子更加讨厌父母，也更加讨厌自己。父母一定不要在让孩子产生羞愧感的情况下进行这场谈话，要保护好孩子的自尊以及隐私。

从这个案例中，我们能看到小熙妈妈非常不容易。二宝两岁，正处于探索自我独立性的阶段，会做出很多看起来很矛盾的行为，这个年龄段被心理学家们称作"可怕的两岁"。小熙上六年级，已经进入青春期前期，正在经历身体和情绪上的波动，很容易产生逆反心理。妈妈教育这两个年龄阶段的孩子时，确实需要很高的养育智慧和耐心。

学到什么

分析了小熙的案例之后，让我们来聊一聊家长发现孩子聊天记录里有色情信息应该怎么办吧。

在网络时代，类似小熙这样的案例非常普遍。就我们目前的网络环境来说，不要说孩子主动去找这些信息，就是那些屡禁不止的小弹窗就足够让父母担心的了。所以，父母的正确引导和合理监管非常有必要。

根据调查显示，现在孩子通过网络接触到色情信息的内容已经低至九岁左右。所以，父母和孩子之间必须要有一次关于如何认识网络色情内容的危害的谈话。

对于这场谈话，我建议父母中跟孩子关系较好的一方和孩子谈，效果会更好一些。

林肯曾经说过："如果给我六个小时的时间砍一棵树，我需要用四个小时来磨刀。"对于这样的一场谈话，父母尤其要做好充分的准备，特别是相关内容的知识储备。

以下是几点需要父母了解的基本内容。

1. 浏览色情内容为何会让人上瘾

家长需要知道的是，浏览色情内容会逐渐让人上瘾。这是因为当人们浏览这些信息时，大脑会产生让人兴奋的多巴胺，这种多巴胺和浏览色情信联系起来后，就会在大脑中留下一条"脑路"，孩子看的信息越多，这条脑路就越发达。为了追求这种开心、兴奋的感觉，孩子就会越发想看这些信息，不知不觉就上瘾了。由于青春期孩子的大脑前额叶还未发育完全，而大脑额叶是负责理性思考的，所以试图用理性来控制这个瘾头会变得更加困难。最终，这个瘾头非但控制不住，孩子反而会被这种"瘾"控制，从而严重干扰正常的学习和生活。

2. 网络色情信息引发了更多的犯罪

据统计，在未成年人犯罪中，90%的犯罪都与网络有关，网络色情已经成为最大诱因。目前，互联网上大约有100万个黄色电脑软件，在全球范围内已检测出23万个色情网站。

网络色情信息与暴力、血腥、毒品常常出现在一起，严重毁坏青少年正确的三观，甚至引发犯罪。所以，抵制网络色情信息也是在抵制犯罪，这件事不能单靠学校，父母一定要做好监管工作。

3. 网络色情内容向青少年传递不健康的性信息

在真实的生活中，真正的爱是自然、健康而美好的，可以引发人性中更多的真善美。可是网络色情内容宣传的是不健康的信息，以满足男性需求为主要取向，宣扬的是对女性的不尊重。

这种建立在非真诚的爱与关心的基础上发生的亲密关系是错误的，会对孩子树立正确的婚恋观产生严重误导，不论对男生还是女生都是很大的损害。

4. 了解一些网络防范手段

现在国家对网络色情信息的非法传播问题非常重视。某些杀毒软件可以过滤一些不良信息。很多网站也推出了青少年模式。这些都可以起到一些防范作用。但是，家长应该知道，没有一种方式能够做到完全的防范。

在做好以上这些准备后，父母需要找一个合适的时间、地点开始这场谈话了。

1. 如何开场？

下面为大家提供几个开场范例，帮助大家打破尴尬。

第一种：

"最近你在看网络小说，有更多的时间需要使用电子产品，现在的网络环境让我有一些担忧，我想就有关在网络上接触到色情信息的危害和你谈一谈。"

（建议先不要说看过孩子的微信聊天记录，这样可能会激起孩子的抵触情绪。比起真相，此刻保护好孩子的自尊心才是最重要的。）

第二种：

"我在网上看到一起未成年人因为浏览黄色网站引发的犯罪，很触目惊心。我觉得有必要和你谈一谈这方面的话题。"

第三种：

"昨天，我同事发现他孩子在玩一些有色情内容的小游戏，他很生气，打了孩子一顿。我觉得这件事对我也是一个提醒，我们可以谈一谈吗？"

2. 中间谈什么?

可以选择前面准备的几方面的内容作为谈话方向，还可以谈家长自己的例子。如果家长做好准备，可以谈自己以前青少年时期的一些例子，还可以谈自己的初恋、怎样走入婚姻的，或者是身边人的例子。孩子对这些内容可能更感兴趣。

3. 最后谈什么?

最后，可以和孩子制定一些家规。

一是"在网上浏览色情信息是错误的，如果你很好奇，想要看一下，请你来告诉我，我需要知道。"

二是"请不要在网上和同学，特别是陌生的网友讨论这些信息，要注意保护自己，更不能发送涉及自己或者他人隐私的照片。"

三是"你在网络上浏览的所有信息都可以通过相应的技术查到，即使删掉了也可以查得到。如果因为一时激动，在网上匿名发布了一些不当言论，这些都可以通过IP地址清楚地查到。所以，请注意自己在网络上的言行，一些不当的言行可能会对你将来升学、就业等产生不好的影响。"

还要强调的是，如果父母目前暂时没有发现孩子聊天内容中有色情信息或者浏览不健康的网站，也要注意观察，不要放松警惕。

如果发现孩子生活和学习方面有一些不正常，感觉他好像总有些事情怕被知道，习惯性地删除网络浏览历史记录，或者当你询问他上网在做什么，他经常含含糊糊地说不清楚的时候，父母就需要特别注意了。

教养直播间

小熙妈妈和孩子坦诚地谈了这件事之后，也认识到自己在照顾二宝的时候忽视了对小熙的关注。她正在努力加强小熙的心理营养，相信小熙这个孩子很快就能继续健康成长！

第四章

离婚、再婚家庭可以
教育好孩子吗

MAMA

DE

JIEYOU

ZAHUOPU

　　在离婚率不断攀升的今天，离婚是很常见的情况，继而再婚家庭也越来越多。这一章我们把目光聚焦于这些家庭中，看看在单亲家庭、再婚家庭中孩子的养育方法。

　　在现实中，还有很多妈妈吐槽自己是"丧偶式养育"，因为爸爸经常出差不在家，孩子基本由妈妈独自照顾，在这样的家庭中，妈妈也承受了很大的压力，有时候也会有很多抱怨和担心，所以，在本章中，我们还会谈一谈在这种家庭中关于亲密关系的话题。

你爸和别的女人跑了

个案回放

早上，我正在办公，一年级的班主任李老师来找我。

这是一位非常负责任的年轻教师，我看到她的手里拿着一份卷子，我猜她一定是要告诉我关于学生的什么事。果不其然，小李把卷子递给我，皱着眉头说："校长，你看，我班小花这个孩子，前两天期中测验，语文只考了7分。这才是一年级的第一次期中考试啊，题目一点都不难，其他孩子大部分都是九十多、一百分。这孩子挺聪明的，我觉得不是智力问题，应该是她的家庭教育有问题。"

我笑着对小李说："你现在很不错啊，能够透过表面现象看问题啦！"

小李也笑了："跟您学了这么久，还是有一点家庭教育的意识的啊！这孩子家里情况比较特殊，她父母离婚，妈妈一个人带两个孩子，也很不容易，您能和她妈妈谈一谈吗？"

"好啊，你帮我约时间。"在学校里，对于情况比较特殊的案例，我都会亲自来做。

就这样，我请小李老师帮我约好了小花的妈妈。

一天，小花妈妈如约来到咨询室。

这是一位身材瘦小的女人，脸庞微黄，眼神里透露出一些疲惫。我先请她讲讲一些基本情况。

"……小花是我家大宝，我还有个小宝。在小宝一岁多的时候，小花爸爸出轨了。最开始，我发现有一点不对劲，有一个女人经常晚上给他发信息。我问他怎么回事，他说只是单位同事在问工作上的事情，让我不要胡思乱想。可是事情发展到后来，变得越来越严重了，她爸爸经常晚上找各种理由不回家。

"原来就是他们单位那个女的，他们关系暧昧。他们单位里的人都知道，只有我还被蒙在鼓里。我想，看在两个孩子的份上，他不会真的不要这个家吧！就这样时好时坏的，一直到二宝两岁多，他跟我说，那个女的也怀孕了，是他们两个的孩子。而且她老公也知道了，已经办了离婚手续。他说对不起我，希望我能够成全他们。我不愿意离，又闹了一段时间，吵得凶了，他就搬到那个女人家，一住就是一个多月。后来，那个女人的孩子出生了，是个男孩，他一直想要一个男孩。我看他是铁了心不打算和我过了，他自己说要净身出户，我实在也吵不动了，就离了。"说到这里，小花妈妈的眼泪止不住地流了下来。

"我真的恨我自己，恨他！"小花妈妈继续说，"怎么遇到这样一个不负责任的男人，这么狠心和别的女人跑了，把我们母女三个撂在一边不管了！"

我问："那两个孩子，每周可以和爸爸见面吗？"

"哼！他现在有了自己的儿子，哪还有心思来看这两个女儿。不看最好，他当初那么狠心不要孩子，他就是想看，我也不给他看！"

"那小花和妹妹平时会想爸爸吗？"我问。

"孩子有时候会问'爸爸呢？我想爸爸'。我说'你爸和别的女人跑了，不要咱们了。像你爸这种不负责任的男人，你们长大了可千万不能找'。从小我就要给孩子灌输正确的思想，我可不想我的女儿走我的老路……"小花妈妈的谈话中还带着很多对前夫的怨气。

"那你们在闹离婚、吵架时，这些场景孩子们都看到了吗？"

"当时都在气头上，有时候能回避一下孩子，有时候也回避不了啊！我知道在孩子面前吵架，对孩子不好，可是在那种情况下，我也顾不了那么多了，也得让小花看一看她爸爸到底是一个多么差劲的人！"

…………

个案分析

这个案例让我们看到在单亲家庭中，如果离婚时丈夫是过错方，会存在的一种普遍情况，那就是妈妈仍然活在对前夫深深的怨恨之中，以至于影响目前的生活，以及对孩子的教育。

学到什么

在离婚率居高不下的现代社会，离婚不再是什么新鲜的事情，同时整个社会对离婚这件事的包容度也越来越高。从某种意义上来说，这是一种社会文明进步的表现。

在工作中，我接触过很多单亲妈妈。大多数妈妈都很年轻，从与她们的交流中，我发现妈妈们存在一种普遍焦虑：离婚对孩子的影响很大，担心自己教育不好孩子。

在此，我首先想要告诉妈妈们的是：请坚信，单亲家庭照样可以培养出健康快乐的好孩子！

古今中外，有很多名人都来自单亲家庭：孔子、孟子、成吉思汗、韩愈、范仲淹、胡适、鲁迅、茅盾、老舍、牛顿、达尔文、哥白尼、居里夫人、华盛顿、林肯、克林顿、奥巴马……

因此妈妈们还有什么理由怀疑自己带不好孩子呢？

孩子即使成长在完整的家庭中，同样也要面临各种各样的教育难题，也不是一帆风顺的。

只要单亲妈妈能够勇敢地从过往生活的阴影中走出来，真正地强大、独立起来，保持积极乐观的生活状态，就一定能够教育好孩子。

那么，在这个过程中，需要注意些什么呢？

1. 在废墟上无法盖好新的大楼

在生活中，一些妈妈离婚后，虽然已经过去了几年、十几年，甚至几十年，仍然沉浸在过往的痛苦中难以走出来。就像这个案例中的小花妈妈，每当提起这件事的时候，她还是会伤心、流泪，有很多的负面情绪涌出来。这些都说明她还没有真的放下。

有的妈妈选择在心里埋葬这些关于失败婚姻的痛苦，不愿意面对，不想说，也不愿意提，以为这样就不会伤害自己。可真实的情况是，如果我们不能处理好过去，就没办法安于当下，更难有一个美好的未来。人生是连续的，我们的现在和未来都是建立在过去的基础上的。就好像如果我们打算盖一栋新的大楼，但是以前的废墟没有清理，我们就没办法打好地基，试问这个大楼能盖得好吗？

　　所以，如果这个失败的婚姻是一个错误，妈妈需要做的是从这个错误中总结经验教训，我们能学会什么，这些是我们可以从这个废墟中挖掘出的宝藏，是这段经历馈赠给我们的礼物，收下这份礼物，可以帮助我们今后更好地生活。

　　如果妈妈觉得难以面对，在没有疗愈好自己的情况下，很快进入下一段亲密关系，甚至是进入第二次婚姻，那么后续的婚姻通常还会出问题。如果自己的问题没有处理好，以为找一个人一切都会好起来，想要等待别人的救赎，那么这个期待注定会落空。女人，只有自己救赎自己！

　　所以，妈妈们一定要先清理好废墟，珍藏在这片废墟里找到的宝贝，然后才能开始在这块土地上重新建设美好的未来。

　　那么，该如何清理废墟呢？就是要深入地认识到导致这段婚姻失败的根源问题，并要学会承担起自己相应的责任。这不是一件容易的事！一方面，妈妈可以通过看书学习，参加一些课程或者工作坊，让自己得到成长和提升。另一方面，妈妈可以在这人生艰难的时刻，寻求专业心理咨询师的帮助。

2.　尽力给孩子一个好的离婚

　　我的老师本曼博士曾说："父母能给孩子的最好的礼物是一个幸福的婚姻，如果不能给，那就给孩子一个好的离婚。"

父母离婚，一方离开原来的家，这对孩子来说是一种丧失。离婚只是夫妻婚姻关系的破裂，亲子关系还应当继续。父母一定要努力保持和孩子良好的亲子关系，努力尽到自己为人父母的责任。

在现实中，单亲妈妈善良的本心常被心中巨大的怨恨蒙蔽，一想起前夫就满腔怒火，很容易点燃心中伺机报复的种子。

就如这个案例中，小花妈妈会把孩子当成和前夫斗气的砝码，在孩子面前揭露前夫的不负责任。可这样做将严重毁掉父亲在孩子心目中的形象，要知道，这个父亲的形象并不是妈妈心中憎恨的那个具体的男人，而父亲的形象又对孩子的人生成长具有重要的意义。如果母亲告诉孩子"你爸是一个渣男"，从而造成父亲形象的崩塌，这对孩子的成长有百害而无一利。而且，在父母持续的争吵和斗争中，毁掉的不仅仅是父亲的形象，还有母亲的形象、家庭的形象！这些对于孩子树立正确的三观以及将来建立健康的婚恋关系，都会有很多不良影响。

所以，妈妈们千万不能因为一次失败的婚姻就活在怨恨中，这样只会毁掉自己和孩子的幸福，那样的代价太大了，也太不值得了！

受伤的单亲妈妈一定要先疗愈好自己，稳定自己的状态。然后在适当的时候告诉孩子："爸爸和妈妈分开了，是因为我们两个人的问题，不是你的错，和你没有关系。爸爸虽然不和我们在一起住，但是他永远都是你的爸爸，他依然爱你。"妈妈一定要给孩子讲清楚，爸爸妈妈离婚不是孩子做错了什么，和孩子没有关系，这一点很关键！因为孩子在这种情况下常常会自我归因，认为都是自己不好，都是自己的错，父母才离婚的。所以，妈妈一定要和孩子讲清楚，这不是孩子的责任！

3. 留意自己的心理健康和精神状况

近年来，我们在社会新闻中会看到个别妈妈离婚后得了抑郁症，面对种种压力，带着孩子一起自杀的极端事件。这真是令人扼腕叹息的悲剧！

有时候，我们的心理健康出了问题，常常以为就是心情不好、情绪低落而已，并没有在意。在此，提醒妈妈们一定要留意一下自己的心理健康和精神状况。在这里推荐一个量表，大家可以参考一下。

这个量表是大卫·伯恩斯博士设计的抑郁症自我诊断表"伯恩斯抑郁症清单（BDC）"。这个自我诊断表可以帮助我们快速地诊断出是否患有抑郁症。

测试内容

1. 悲伤：你是否一直感到伤心或悲哀？

2. 泄气：你是否感到前景渺茫？

3. 缺乏自尊：你是否觉得自己没有价值或自以为是一个失败者？

4. 自卑：你是否觉得力不从心或自叹比不上别人？

5. 内疚：你是否对任何事都自责？

6. 犹豫：你是否在做决定时犹豫不决？

7. 焦躁不安：这段时间你是否一直处于愤怒和不满状态？

8. 对生活丧失兴趣：你对事业、家庭、爱好或朋友是否丧失了兴趣？

9. 丧失动机：你是否感到一蹶不振，做事情毫无动力？

10. 自我印象可怜：你是否以为自己已衰老或失去魅力？

11. 食欲变化：你是否感到食欲不振，或情不自禁地暴饮暴食？

12. 睡眠变化：你是否患有失眠症，或整天感到体力不支、昏昏欲睡？

13. 丧失性欲：你是否丧失了对性的兴趣？

14. 臆想症：你是否经常担心自己的健康？

15.　自杀冲动：你是否认为生存没有价值或生不如死？

请在上题中符合人情绪的项上打分。没有，0分；轻度，1分；中度，2分；严重，3分。

测试结果解析

0~4分：没有抑郁症

你现在的心理状况非常好，请继续保持你的良好心态，想提醒你的是，如果累了就休息一下。

5~10分：偶尔有抑郁

情绪偶尔的抑郁就当作你心灵的一次自我排毒，累的时候休息，想哭的时候大声哭，都是不错的宣泄方法。可以多和家人、朋友聊天，减少你的抑郁情绪。

11~20分：有轻度抑郁症

给自己一个休整期和冷却期，让情绪有自然的出口。当然，这不意味着要自我封闭，而是要多与人交往，接近大自然，用享受"长假"的心态来度过情绪的低谷。

21~30分：有中度抑郁症

情绪特别低落，思维迟缓，动作或行为减少，应借助自身调节与专业心理治疗来进行治疗。

31~45分：有严重抑郁症

建议你尽快去接受专业帮助。因为当你需要援助而没有及时地寻求援助时，你可能被你的问题击毁。

值得提醒的是，这个测试仅供自评，不能作为诊断依据，如有必要请及时咨询医生。

教养直播间

　　小花妈妈在访谈之后，才意识到自己不应该再用曾经的失败惩罚自己和孩子了。她请我推荐几本心理学方面的书，她想要回去学习一下……

再婚后的日子烦恼变得更多

个案回放

今天来到咨询室的是蓉蓉妈妈，她的打扮严谨朴素，皮肤略显松弛，一双眼睛大而无神，眼旁的鱼尾纹即使不笑也非常明显。

我请蓉蓉妈妈讲讲她的来意。

"我家蓉蓉今年上初二了，去年被医院诊断为中度抑郁症，住过院，后来一直吃药，可是现在状况仍然不是很稳定。"蓉蓉妈妈的语气中有些许痛苦和无奈。

"那孩子是怎么得的抑郁症呢？"

"蓉蓉小时候，我和她爸爸就离婚了。过了两年，我又再婚，我现在老公的前任妻子去世了，他也有一个女儿，比蓉蓉大几岁。她现在已经上大学了，平时不在家里住。蓉蓉平时和我们在一起，周末有时候会去见她爸爸，有时候去她爷爷奶奶家，或者姥姥姥爷家。"

"看来家里人都对蓉蓉很关心啊。"我说。

"孩子周末不喜欢待在家里，她之前和这个姐姐住在一个房间里，两个人也没什么交流，好像互相不对脾气。渐渐地，我就发现这孩子变得有点怪，有时候喜欢乱发脾气，大喊大叫，有时候遇到一点小事就哭得止不住，问她什么她也不说。我们觉得不对劲，到医院检查，才发现孩子得了抑郁症。"说完，蓉蓉妈妈又是一声长长的叹息。

"那孩子和继父的感情怎么样？"我问。

"一般吧，她继父这人其实挺好的，可是每次当他表现出对蓉蓉的关心时，他的女儿就明显不高兴。两个女孩子心思都重，勾心斗角的，她继父也很两难，大家只能表面上和平共处，心里感觉还是两家人，不能完全融到一块儿。我对他的女儿也确实没办法做到像对自己亲女儿一样，装也装不出来啊，人家也没有把我当亲妈看……"说完，她无奈地撇撇嘴，眉头紧紧地拧在了一起，脸上的皱纹看起来更深了……

个案分析

蓉蓉的抑郁症与这个重组家庭复杂的养育情况有关。蓉蓉妈妈因为工作的原因，蓉蓉从小时候开始，周末就在不同的地方过，有时和生父继母一起，有时去爷爷奶奶家里，有时候去姥姥姥爷家里。蓉蓉从小就要学会面对不同的人，说不同的话，他们都把蓉蓉当成了去刺探其他人生活情报的间谍。蓉蓉在自己家里的生活本来就已经很压抑了，还要应对这些不同家庭的大人，这给她带来很大压力。

学到什么

　　分析这个案例后，我们来了解一下如何在重组家庭中处理好各种问题，让重组家庭也成为一个好家庭。

1. 从失败的婚姻中学习

　　再婚家庭中，夫妻双方至少一方有过一次婚姻的经历，或者是双方都曾有过一段婚姻。曾经的经历使得彼此在今后共同生活的点点滴滴中存在一种微妙的心理——对方要比之前的要好才行。

　　这种心理会使彼此不自觉地将对方与前任进行比较。所以，从某种程度上来说，第二段婚姻比第一段将更加难以维系，必须双方都付出更多的爱与智慧。

　　夫妻二人都在之前终结的婚姻中受到过不同程度的伤害，或是丧失，或是背叛，等等，这种痛苦的感觉以及离婚时遭受的种种磨难是很难轻易抹去的。两个人心中都带着之前的伤痛，同时怀着极大的希望走进第二段婚姻，并将对方视为自己的拯救者。也许，他们认为那段心痛的历史终于可以结束了：我曾经错了一次，这次不会再错了；我终于找到了对的人，从此将开启美好的新生活。

可现实的状况往往是，再婚家庭中的伴侣并不是自己的救世主，再婚后俩人会发现，遇到的问题比第一次婚姻中的更多、更复杂，有时甚至是自己连做梦都未曾想到过的，常常突如其来得令人猝不及防。

所以，再婚家庭中的夫妻在结婚之前，必须首先弄清楚自己从之前的婚姻中学到了什么，由此来深入地认识自己到底是怎样的一个人，到底需要怎样的一个伴侣和婚姻。

所以，打算再婚的妈妈们，要先自己做好功课，要依靠自己的力量来疗愈内心的伤痛，而不是寄希望于对方。只有自己能拯救自己，不论是从心理上还是经济上，都要自己先独立起来。等处理好自己在上一段婚姻中的创伤，整理好自己的心情，然后再走入婚姻，这样，才能为第二段婚姻奠定稳固的心理基础。

我看到一些妈妈在第一段婚姻失败后，不堪忍受离婚的痛苦，很快进入第二段婚姻，试图把第二段婚姻当成治疗第一段婚姻失败伤痛的解药。结果，常常过不了几年，再次以离婚告终。

2. 不要把成人间的压力传给孩子

再婚家庭中的人们常常因为不能顺畅地沟通而出现一些问题。尤其在我们国家，这种情况非常普遍。在这个案例中，蓉蓉作为一个未成年人，却承接了来自几个家庭中成人的压力。孩子在母亲的再婚家庭里不能完全放松，和姐姐只能维持表面的关系，无法说出自己的心里话，也没有自己独处的空间。周末到了，见到爸爸和继母、爷爷奶奶或者姥姥姥爷，蓉蓉还要应对这些大人好奇的盘问，要考虑哪些话应该说，哪些话不应该说，从而发展出来许多应对这些成人的策略，大家能够想象这个孩子的内心是多么的孤独和无助吗？

一个未成年的孩子是无法处理好这么多信息的。因为除了应对自己的学业压力，还要修复父母离婚的伤痛和适应新家庭中的生活方式，这些对蓉蓉来说已经是很大的难题了。周末还要应付这么复杂的局面，承担这么多成人传递来的压力，可以想象到她心里有多难受。当心里有太多秘密没有办法说，有很多话不知道应该对谁说，心情抑郁却无处宣泄时，很多孩子就会以生病、不好好学习、结交坏朋友等方式来进行回应。这也是蓉蓉抑郁的根本原因。

所以，对于再婚家庭的每个成员来说，能够彼此沟通是非常重要的。如果做不到，至少也要做到不把成人的压力传递给孩子。

3.　妈妈要放下过高的期望

再婚家庭中的妈妈大都认为，终于结束独自一人抚养孩子的局面，终于找到了一个人可以帮自己一起教育孩子了。所以，妈妈很希望在新家庭里，爸爸能够起到作用，以减轻自己的一些压力。

可是妈妈也许没有注意到，在家庭中，父母如果想要在孩子的教育方面发挥真正的作用，首先要和孩子建立良好的亲子关系。没有这个关系做基础，不要说是继父，就是生父的话，孩子也不会听。

所以，妈妈要暂时先放下对新爸爸的过高期待，允许孩子和继父有一个建立深入情感联结的过程。要知道，孩子和这个男人对于彼此来说几乎是陌生人，现在，虽然住在同一个屋檐下，但是让他们马上就要表现象父女一样，这太不现实了。关系的建立需要时间，在这个基础没有建立起来之前，继父的管教起不到什么实质的作用，甚至会恶化两个人之间的关系。

4.　快速融合需要多问，而不是靠想象

再婚家庭中会遇到的一类问题是，孩子在之前的家庭中形成了一些习惯，和父母有一种默契在。对于这种默契，如果不说明白，一个刚刚进入这个家庭中的人可能是不知

道的。

当看到有一些事情发生而自己不明白，或者对方母子或父女之间说了什么之前的典故，两个人旁若无人地哈哈大笑时，其他人则会尴尬地在旁边不知所以。在这种情况下，明显的疏远感会让人感到很不舒服，甚至内心的"我们和他们不是一家人"的感觉会格外强烈。

所以，再婚家庭的每个成员遇到这种情况的时候，可以直接去问："你们刚才笑得这么开心是怎么回事啊，给我讲一讲好吗？""你们以前的习惯是大年三十晚上吃饺子吗？我们的传统是大年初一早上吃饺子。""你们以前习惯穿拖鞋不可以在地毯上走来走去吗？"其实，生活中很多这样的细节问题都可以通过直接的询问获得答案。因此，就不要一个人在角落里想"这个事情也许他们不想要我知道吧""这是属于他们的秘密，他们故意排挤我"了。

这样的胡思乱想对新家庭的融合没有任何好处，既然是一家人，就坦诚地说出来，沟通效果才会更好。

5. 给孩子爱的自由

在重组家庭中有一个重要的问题是，孩子对之前的父母有深深的爱，但是这种爱也许是他现在家庭中的父母不喜欢看到的。孩子处在这种矛盾中，会很痛苦。

所以，父母要允许孩子有爱的自由。虽然夫妻离婚了，可是亲子关系是继续存在的，妈妈不能要求孩子忽视或者忘掉自己的生父。即使前夫可能做了很多令人伤心的事，但是如果妈妈能将一个人的价值与他的行为分开来看的话，她就能够允许孩子有爱的自由。同时，妈妈应该帮助孩子接受这个不再跟自己住在一起的父亲——生父，不能因为自己心中的恨意而剥夺孩子爱的自由。如果妈妈不允许孩子爱自己的生父，这会让孩子非常矛盾，孩子会认为既然妈妈认为生父不好，那自己也是不好的，这很容易让孩子形成低自尊感。

6. 尊重每个孩子在家里的地位

在这个案例中，我们看到蓉蓉还有一个姐姐。她们的关系一般，算不上亲密。蓉蓉和妈妈，继父和姐姐，在这四个人组成的新家庭中，两个女孩在之前的家里都是独生女，现在进入新的家庭后，她们要重新寻找自己的位置。

蓉蓉对于继父、姐姐对于继母是否喜爱，都是不确定的，这些都会给这个家庭带来新的压力。正如蓉蓉妈妈所说，继父也想表示对蓉蓉的喜爱，可是这样做的时候，姐姐就表现出明显的不高兴。鉴于姐姐正处于青春期，而且已经失去了母亲，所以继父也很为难，怕姐姐心理失衡，造成心灵创伤。

所以，这个新家庭中的父母都需要知道种种复杂情况是自己要面对的问题，并且尽量保持对对方孩子的坦诚。是怎样的情况就说怎样的话，不需要虚情假意地面对孩子，或者刻意讨好或者收买孩子，因为这样做，孩子都能感受得到。

在这种情况下，需要时间和耐心，要一点一点地慢慢来，不要强迫孩子叫再婚的伴侣爸爸或者妈妈。孩子心中给自己的生父或生母留有位置，强迫孩子叫自己的继父母爸爸或妈妈，孩子会觉得是对自己生身父亲或者母亲的背叛。所以，顺其自然，当继父或继母真的在孩子心中扎下根时，孩子自然会叫的。

教养直播间

　　蓉蓉妈妈回去后，以更坦率的态度对待新家庭中的每一位成员，至此，家人之间的关系亲密了很多，尤其是蓉蓉和姐姐相处得越来越好，自己也觉得生活轻松了许多……

丧偶后带孩子再婚，男孩怎么更懦弱了

今天来到咨询室的是小泽爸爸，他衣着干净整齐，戴着眼镜，看起来文质彬彬的。

刚一坐定，他就开始讲起自己的烦恼："我今年四十三岁了，是家里的老小，也是家里唯一的男孩，上面还有三个姐姐，从小在家里确实没吃过什么苦，过的是饭来张口、衣来伸手的生活，一点儿罪也没受过，工作也很稳定。

"后来，家里给买了房，我结了婚，生了小泽，本来都是挺好的事情。谁知孩子他妈妈突然发生车祸去世了……这是我人生中遭遇的第一个打击……"说完，他低着头沉默了好一会儿。

唉，这可真是悲剧啊！

小泽爸爸继续说："后来，我们家里人又托人给我找了个

妻子。对方没结过婚，人还行吧。"

"这样不也挺好吗？有什么问题呢？"我说。

"人是挺好的，就是有一点凶啊！我是再婚带着孩子的，人家是初婚，和她结婚也有一点委屈她，所以感觉自己平日里比她短了一截。她一直都想要个自己的孩子，可是怎么也怀不上，好不容易怀孕两次，又先后流产了。可能是这样的折腾让她的脾气变得越来越不好了，有时候说个话阴阳怪气的，对我儿子也嫌弃这儿嫌弃那儿……她凶起来时，我们两个不吭声也就算了，她一个人吵也吵不起来啥。但是最近，我发现孩子变得越来越懦弱和胆小了，干什么事情都畏手畏脚的，没一点男子汉的气概，我看着都很心疼。和她说过几次，孩子大了，不要再这样批评小泽了，可是她就是不听，我真的拿她没办法了，可也不能眼睁睁地看着孩子这样吧……"

个案分析

　　小泽爸爸从小在父母、姐姐的呵护下长大，再婚后，面对凶巴巴的妻子，显得有一点懦弱，甚至自卑。小泽被继母的气势打压后，爸爸没有力量做出担当的好榜样，小泽自然变得更加懦弱，这样下去对孩子的成长确实很不利。

学到什么

从这个案例中，我们讲一讲丧偶再婚以后应该注意的一些亲子相处与教养问题。

1. 过去的婚姻可能被美化了

丧偶家庭遇到的一个问题是之前的婚姻可能被美化了。以这个案例来说，因为小泽的生母去世了，之前那一段婚姻中不美好的部分都被溶解、忽略了。小泽和爸爸只记得以前那些美好的部分，而且这一部分也可能被放大，但这也许并不是事实的真相，因为每一段婚姻都有它的问题存在。

丧偶家庭的成员在与别人组成新家庭后，在生活中都会不自觉地将现在的家庭新成员和已经去世的家庭成员做比较。小泽爸爸会觉得以前的妻子比现在的要好得多，要不是她去世了，他们一定可以快乐地生活一辈子；小泽也会比较生母怎样对待他，继母又怎样对待他，这些不同都会让孩子想起生母。

我们都有一种倾向，那就是赋予去世的人更高的评价，有时甚至会神化。在我们的心中有一种观念叫"死者为大"。不论中外，都有祈求逝者在天之灵护佑自己的习惯。所以，对这对父子来说，需要客观地对过去做出评价。如果总是暗暗地在心里将两个人进行比较，那谁也不可能超越一个神化的人，其结果只能是大家都痛苦。

2. 曾经真实存在的人虽然已经不在，可是她的位置需要承认

在这个案例中，每一个人都要尊重这样一个事实，那就是孩子的生母曾经真实地存在于这个家庭之中。她虽然已经不在了，但是她的真实位置无法否认。如果新妻子不喜欢小泽父子二人记忆中还有关于之前这个女人的美好回忆，家里也不允许保留关于她的物品和照片，内心深处想全方面取代和超越这个女人，仿佛要当之前什么都没有发生过，要将这对父子之前的记忆全都抹去。这当然是不可能的，发生了就是发生了，这是事实，和是否承认无关。新妻子这样做是由于她的低自尊、不自信造成的。如果她非要与过去的事实相抗衡，将会引发很多生活冲突，比如，孩子要按照生母曾经要求的方式吃饭、穿衣，可是继母却坚决要求按她的方式来。此类的冲突会有很多，这无疑会给他们的生活带来数不清的麻烦。我们只有尊重曾经发生的一切，才能看清楚当下和以后的路。

在再婚家庭中，继父母更要明白关系大于教育的道理。所以，继父母首先要和孩子建立良好的亲子关系，然后才能谈得上真正地教育孩子。在现实生活中，我们也能看到很多这样的例子，虽然是继父母，但是和孩子的关系处得很好，像亲生的一样。

下面我们来总结一下继父母和孩子建立亲子关系的关键点。

1. 继父子关系

在这种家庭中，有两个男人争夺一个女人的"俄狄浦斯情结"，这会使继父和男孩子的关系变得更加困难。这时候，需要继父在孩子的成长过程中，真诚地肯定和赞扬孩子，并学会适当示弱，卸下孩子对抗的心防，给孩子机会超越自己，并通过这种方法，提升孩子面对世界的勇气和信心。继父可以说：

"儿子，能帮我弄一下这个吗？"

"儿子，老爸为你感到骄傲！"

"儿子，老爸永远支持你！"

"儿子，在这一点上，老爸很佩服你！"

"儿子，你比老爸当年强多了！"

2. 继父女关系

有研究表明，女孩往往以父亲为标准来选择她们未来的伴侣，即使是继父也是这样。所以，对于女儿来说，从小得到继父的尊重和欣赏，对自己女性角色的认同将起到重要的作用。继父可以说：

　　"你永远是爸爸心中的小公主！"

　　"别担心，有爸爸在，不要怕！"

　　"在我心中，我的宝贝儿最漂亮可爱！"

　　"我很欣赏你的气质和才华，真的非常出众！"

　　"我这么好的女儿，要十分优秀的男孩才配得上，爸爸陪你一起等待他的出现！"

　　"女孩子更要学会独立和坚强，爸爸永远是你坚实的后盾。"

3. 继母子关系

　　现实中的压力常常让继母在教育男孩的过程中显得过于急躁强势，这会直接摧毁男孩的自尊和安全感。正如小泽和他的继母一样。在继母子关系中，很关键的一点是继母要学会做孩子前行道路上的一盏明灯，照亮孩子前方的路。可以对孩子说：

　　"你已经是一个小伙子了！"

　　"好样的，你是我心目中的英雄！"

"你和爸爸一样优秀！"

"妈妈永远爱你，和你的生母一样爱你！"

"妈妈绝对相信你，你知道在做什么，你是有目标、有底线的孩子！"

4. 继母女关系

在家庭中，有两个女人争夺一个男人的"埃勒克特拉情结"，因此，如何处理好继母女关系也是很大的挑战。继母要在教育女儿的过程中选择后退，给女儿更多机会展现自己的风采。千万不要和女儿"争奇斗艳"，继母要甘当绿叶，做好女儿的陪衬，给孩子提供无条件的爱与支持，陪伴孩子成长。可以对孩子说：

"你是上天派到咱们家的小天使，你给妈妈带来了很多快乐。"

"有你在，妈妈觉得好幸福。"

"女儿，帮妈妈一个忙，好吗？"

"女儿，是你教会妈妈如何做一个好妈妈的，谢谢你。"

教 养 直 播 间

　　通过咨询，小泽爸爸认识到了自己身上其实存在很多问题，所以，要先从改变自己入手，展现自己的爱和改变，然后带动整个家庭的改变……

第五章

背负家庭伤痛的妈妈

MAMA

DE

JIEYOU

ZAHUOPU.

　　有多少女人在娘家是公主，结了婚却成了保姆。就拿带孩子这件事情来说，有网友调侃："丈夫工作忙，不能带孩子；婆婆身体不好，不能带孩子；只有当妈的，只要不死，都能带孩子。"曾经那个天真烂漫的小女孩，可能只有在结了婚、生了孩子之后才知道什么是生活的真相。

这个孩子是我心中永远的痛

　　乐乐妈妈早就约我要过来咨询，今天终于见面了。

　　这位妈妈看起来真的不算年轻了，沧桑的脸庞上仿佛写满了故事。她的穿着中规中矩，整个人都被裹在暗红色的套装里，显得沉闷，少了一些生机和活力。

　　我请她先讲讲来意。

　　"老师好，我早就想来找你。孩子的班主任说乐乐上课的时候总是喜欢自言自语，也不太喜欢和别的孩子玩，让我很担心。"

　　乐乐妈妈语气沉重且平缓，我能感觉到她内心的压抑。

　　我问她："在你的担心背后有什么想表达的吗？"

　　"有啊，老师，也许我比别的妈妈更担心孩子的身心健康。我家里的情况是这样的，我有个大女儿，上初二的时候生病去世了。很好的一个孩子，突然就生病了，是一种很罕见的病，我们带她去了全国最好的医院，可是大夫说她的病没办法治。我们只能找中医想想办法。别人介绍了一个中医，一开始吃了一些中药，还有一点效果，孩子都能下床走路了，好像慢慢好起来了。我们都抱着很大的希望。可是，突然有一天晚上孩子就不行了，抱到医院去，第二天就走了……"

唉，这么悲痛的经历，哪个妈妈能受得了啊！我内心感叹着。

乐乐妈妈继续以低沉的语气说道："这个事情，直到现在我一想起来还是很难受，一直都没有走出来。后来，过了几年，又生了乐乐。这个孩子在幼儿园的时候，就和别的孩子有点不一样，现在又听到他的老师这样说，我很害怕，我不能承受孩子再出一点点事情了……"乐乐妈妈说完，低下头，双手捂住了脸，她的脊背随着呼吸一起一伏，沉重的哭泣声显得格外压抑。

过了一会儿，她的情绪平稳了一些，她抬起头，长长地吐了一口气，用沉重的声音讲述起来："这些话我很少跟别人讲，也在心里压了很多年。其实，我的原生家庭也很不好，我妈在怀我的时候就生了病，生下我后没多久就去世了。我有三个哥哥、一个姐姐，父亲给我的关爱很少。他们都说妈妈是因为生了我才去世的，其实，我宁愿自己从来就没有出生过，这样我妈就不会死，我也不会受这么多的苦……

"我从小体弱多病，经常休学。初中就上了五年。后来中专毕业后，分配到管教所工作，我爱人也在管教所工作，我们的压力都很大，平时回到家里，也没有什么深入的交流，现在我已经好久没有上班了，感觉力不从心。

"从原生家庭到我现在的家庭，工作、婚姻和孩子，所有这些没有一个是令我满意的，我觉得自己这五十年来的生活完全都是失败的。"

个案分析

听了乐乐妈妈的讲述，我不由得感叹她遭遇的不幸确实很多。

下课后，我找乐乐聊天。他是一年级的小学生，他讲述的话题和说话时的神态让我感到忧心。

当时，我和乐乐坐在一棵茂密的小叶女贞树下。乐乐是一个想象力特别丰富的孩子，他非常喜欢画画，他的手里拿着一个本子，上面都是他用铅笔画的各种画。

他指着画，一字一顿地平静地对我说出与他年龄极不相符的话："一匹马跳下了悬崖，它的生命得到了永生。""姐姐和同学中午出去玩的时候，被卡车撞死了。"

我问他："这个姐姐是谁呢？"

他会说："是我的姐姐呀，我没有见过她，但是我知道我有一个姐姐，她死了……"

一场谈话下来，我从这个七岁多的孩子口中听到太多关于死亡的故事，乐乐少了这个年龄段孩子应有的天真、活泼，他和他的妈妈一样，心中都像是压着一块沉甸甸的巨石。

学到什么

从这个案例中，我们看到了一个典型的背负着家庭伤痛的妈妈。在她遭遇的种种伤痛中，有两件事对她的打击非常大：一件是母亲在自己出生后不久就去世了，另一件是大女儿的夭折。这两件事都和死亡有关。

死亡是人生的终点，是我们每一个人终将面对的结局，可是对于死亡我们知道得太少。这是我们大都选择避讳的话题，在孩子面前更是如此。家里有葬礼，也常常回避小孩子，不让小孩子参与。可是不谈并不代表孩子不受到这件事的影响。孩子的感受力是非常敏锐的。听不到正面的声音，孩子就会用自己的方式去解读。

现在，我们借这个案例来谈一谈如何在家庭中谈论死亡这件事。

1. 允许自己哀伤，但应有限度

在乐乐的家庭中，姐姐的死是一个全家人都回避的话题，很难在家里公开讨论，妈妈内心的状态也让她无法心平气和地讨论这件事。这就好像家中有一头大象走来走去，影响着每一个人，可是谁都不能谈论它。大家能想象到这个画面吗？这会让这个家中的每一个人都感到压抑。尤其对于乐乐来说，他先天气质敏感，受到的影响会更大。

女儿的夭折，给这个家庭带来了巨大的悲痛和哀伤。哀伤是令人痛苦的，但它同时也是一种爱的表现。所以，妈妈需要首先看到自己对女儿深深的爱，然后学着勇敢地面对这种哀伤，并允许家庭成员公开表达这种哀伤。同时，也可以问问自己，允许自己对这件事哀伤多久呢？是几年、十几年，还是一辈子呢？不论选择哀伤多久，都请评估一下自己和家人是否能够承受这样的选择。

在这个案例中复杂的情况是，乐乐妈妈是从小背负着"妈妈是因为生我才死的"这样一个观念在缺爱的环境中长大的。对于这件事，她还未能疗愈和走出来，接着又遭受到女儿去世的打击。她心中产生了深深的自责："孩子是因为我去世的，都是我不好。和我亲近的人为何总是这样的结果？"事实上，没有人这么说，但她自己会这样认为。这无疑在她心理的枷锁上又增加了一副沉重的镣铐。

对于一再发生的悲剧，她是很无力、很痛苦的，她在前面讲过"宁愿自己从未出生过，这样妈妈就不会死了"，在女儿夭折这件事情上，她也很自责。她认为，如果她活得轻松愉快就意味着对母亲和女儿的背叛，因此她无法停止哀伤，她的潜意识不允许她自己这样做。

2. 不要试图向孩子隐瞒事情的真相

在这个案例中，父母都在试图向孩子隐瞒姐姐真正的死因。也许他们还没有准备好怎么跟孩子说，也许认为孩子还小，不想让他知道这些，以为这样做是在保护孩子。可实际上，这样做却是在伤害孩子。

乐乐知道自己有一个死去的姐姐，但是关于这个姐姐的具体情况，他并不清楚，妈妈从来没有和他仔细讲过这件事情，没有给他看过姐姐的照片，也没有讲过姐姐曾经的故事。所以关于姐姐的一切无法整合到乐乐的生活中，这成了孩子心中的一个空洞，他只能在头脑中想象与姐姐有关的画面去补上这个洞，可是这些与事实完全不符。

孩子其实没有问题，孩子的表现只是在告诉父母这个家庭出了问题。只要父母自己的问题处理好了，家庭氛围健康、乐观并且积极向上，孩子自然就会好。

3. 逝者是人，不是神

在中国的一些家庭包括国外的一些家庭中都有一种普遍

存在的情况，就是把家里死去的人当作圣人。当我们遇到困难或者人生的重大选择时，我们会在心里祈求去世亲人的护佑。去世的人在我们心中已经飞升成神了。

有的妈妈会告诉孩子，不要干坏事，因为去世的爸爸在天上看着他，能知道他做的一切坏事。也许，妈妈觉得这是一个让孩子乖乖听话的好办法。可是，妈妈是否想过，如果孩子真的相信这话是真的，他在头脑中会有多少胡思乱想冒出来，从此自己要成为一个没有隐私、不能犯错、永远被别人盯着的人，这种无助的滋味该是多么令人压抑和绝望啊！

4. 死亡之外都是珍贵的生命

如果我们能意识到死亡是每个人最终都要经历的事情，是我们生命的必然，也许能让我们更好地面对生活。死亡对于每个人来说，只发生一次，除此之外的，都是珍贵的生命和美好的生活。当我们能认识到这些时，也许可以帮助我们更加珍惜当下的生活。

乐乐妈妈小时候身体一直有病，这其实是她在用这样的方式来表达自责，因为母亲在怀她的时候就是生病的，她用让自己生病的方式和母亲产生联系，最深层次的渴望是希望得到妈妈的爱。

对待夭折的女儿，在乐乐妈妈的潜意识里，同样是将自己的痛苦作为和女儿保持联结的方式。如果自己不再痛苦，快乐地活着，就意味着忘记了女儿，抛下了女儿，就好像她的母亲当年抛下她一样，她内在的渴望是不想让母亲抛下自己，所以，她宁愿忍受痛苦，也不愿意抛下女儿。因为那样，她将确确实实成为一个被母亲抛下的孩子，和母亲再也无关联。

总结来讲就是，丧母与丧女这两件重大丧失搅混在一起，乐乐妈妈虽然痛苦，却心甘情愿地沉溺于其中，难以自拔。因为在这个痛苦的最深处有她对爱与被爱的渴望。

所以，乐乐妈妈需要和这两个重大丧失做一个彻底的告别，需要找专业的咨询师帮助她完成。

教养直播间

乐乐妈妈在咨询的最后，表达了想要学习心理学的愿望，不知道她学得怎么样了……

你为什么是一个女孩

今天来到咨询室的是小梦爸爸。他早早地就等在咨询室门外，身形瘦弱，脸色看起来不是特别好，举手投足看起来有些拘谨，但很有礼貌。

我请他先来讲讲小梦的情况。

"我家小梦是一个自尊心特别强的孩子，她才上一年级，可是对考试成绩特别在意，考试考了99分，都会哭半天。我其实没有这样要求过她，可是她还是很要强的样子。老师跟我说过好几次，她对自己的要求太苛刻了，如果老师上课表扬了其他小组，没有表扬他们小组，她下课也会哭起来。我担心她这样下去，给自己压力太大了，对自己不好。"

我欣赏这位爸爸的发现，问道："你说的情况的确比较特殊，你们在学习成绩上对她有过高的要求吗？"

小梦爸爸摇摇头："她是个特别懂事的孩子，我从来没有给她说考试要考一百分这样的话。"

"那她妈妈呢，平时怎么对待孩子呢？"

听我问到孩子的妈妈，小梦爸爸叹了一口气："是这样的，小梦两岁的时候，我就和她妈妈离婚了。其实我和她妈妈的感情之前还可以，但是自从生下小梦后，她的家人都很不高兴，甚至她家几乎没有人来看过孩子。她家里不喜欢女孩，而且我和她父母在孩子的教育方面的分歧比较大，我们家里就我一个儿子都没嫌弃生了个女孩，她家里反倒嫌弃，真是没见过这样的！之后，她家人一直鼓动她和我离婚。后来孩子两岁的时候，我也吵不动了，就离婚了。"

"原来是这样，离婚后她妈妈来看过孩子吗？"

"她再也没有来看过孩子，我们也没有再见过面了。"小梦爸爸苦笑道。

我不由得感叹道："这种情况确实不多见啊，女方家里重男轻女的思想这么严重！"

"她父母的这种思想特别严重，女人在家里的地位都比男人低。她怀孕的时候就说过如果生出来是一个女孩，她父母肯定会不高兴。我以为她说的是夸张的话，现在都什么年代了，不至于还这样吧。没想到小梦一出生，她爸妈听说是女孩，连医院都没来。这种情况，我家人肯定也不乐意啊，就这样两家矛盾不断升级，最后彻底闹崩了。"

"那你现在是什么样的情况呢？"我关切地问。

听了这话，小梦爸爸的语气更加低沉了："小梦一岁多的时候，我检查出来得了尿毒症，本来我妈还说不行过段时间再生一个，国家也放开二胎政策了，生个男孩。可是她家人知道我得了病之后，跑得就更快了。我现在由于生病一直没办法上班，离婚后一直和父母住在一起，没有收入，在吃低保，每个星期还要去医院做两次透析，我爸爸本来已经退休了，现在还要再出去工作。真不知道怎么回事，生活突然一下子就变成了这样……"

个案分析

看了小梦爸爸的案例，真让人感叹他生活的不容易：身患重疾、失业、离异，生活的难题纷纷砸了下来。可以想象，大多数人如果有这样的遭遇，家里的气氛都不会太轻松快乐。因此，小梦的敏感、自我要求高都与此息息相关。

小梦爸爸虽然没对孩子说过什么高要求的话，但是他承认自己和父母的对话中流露出过因为小梦是女孩对家族造成的影响。

因此，小梦内心深处会对家庭的这些问题有一个自我归因："都是我不好，因为我是个女孩，爸爸和妈妈才离婚的，是我导致了这一切。如果我学习不好、表现不好的话，爸爸就更不会要我了。"这其实是孩子一种典型的求生存状态，孩子想用自己的优秀讨好爸爸。

学到什么

从这个案例中，我们看到了重男轻女思想对婚姻的影响。虽然时代在发展，但是在我接触的案例中，受到这一思想侵害的人远比我们想象的要多。

这一思想的危害在生活中会有各种表现，虽然不像这个案例中直接导致离婚这么极端，但是在家庭中，女孩在家中因此被轻视、被忽略的案例比比皆是。著名心理学家武志红老师曾说过，重男轻女思想是中国人许多常见病态心理的根源。

在这个案例中，我们看到了，小梦的妈妈即使已经结婚生子，但仍然受到原生家庭中父母的影响和控制。今天，我们就来说一说原生家庭的问题。

在中国有一句话，叫作"天下无不是的父母"，可是现实生活中，有问题的父母太多了。很多人没有学习过如何教育好孩子，大多数是在沿用自己父母教育自己的方式。可是时过境迁，不假思索地沿用这套老办法可能会给孩子带来很多方面的问题。

那么，我们如何才能知道自己的原生家庭是否有问题呢？

除非原生家庭中的问题特别明显，不然否则很多人意识不到自己的问题来自原生家庭。这里有一个简单的办法，可以让我们判断自己的原生家庭是否有问题。

可以觉察一下，自己成人后，在生活中是否常常会遇到一点小事就爆发无名怒火。你是否仔细探究过这些无名之火从哪里来？这其中很大一部分原因就来自原生家庭中父母错误的教养方式。比如，父母不称职，无法承担起应有的责任，破坏孩子的安全感，或者过度操控孩子，对孩子严厉苛责，或者父母酗酒，身体虐待或者言语虐待孩子，等等。

这些都会导致在年幼孩子的内心深处积压很多的愤怒、恐惧和失望等负面情绪，这些负面情绪就像一只躲藏在黑暗中的老虎，父母用他们不当的养育行为不断地喂养孩子心中的这只猛虎。这个孩子作为猛虎的主人很想控制它，牢牢地锁住它，可是越这样想，这只老虎就越难以控制。虽然孩子已经成人，没有和父母生活在一起，但是这只猛虎仍然常常会伺机跑出来，做出一些让主人事后非常后悔的言行。

这个简单的办法可以帮助我们进行自查。要知道我们所有的感受都是有源头的，这些感受，尤其是负面感受，不会平白无故地出现在我们的生命中。

下面，让我们来看看这个案例当中小梦妈妈的父母——典型的操控型父母的表现以及危害。

操控型父母剥夺了孩子为自己的生命做主的权利。从孩子婴幼儿期开始，当孩子自己尝试去做事情时，父母总是喜欢用替代、过度帮助、不信任，甚至是打压、讽刺的方法阻拦孩子探索世界的脚步，渐渐地就会让孩子失去信心和勇气，觉得自己什么都做不好，从而感觉无助和害怕失败，面对生活中的困难缺乏克服的勇气。这样的孩子在焦虑与怯懦中一天天长大，就算到青春期甚至是成年，都很难独立起来。

这时候，父母就会继续对已成年子女的生活进行操控和干涉，继续做孩子生活中的主宰。

这也反映了我们中国社会中一种很普遍的现象：很多父母心甘情愿地让孩子啃老。很多大学生毕业后找不到工作，或者收入不高，就在家里住着，接受父母各方面的支持。因为有太多的父母有对"空巢"的焦虑和恐惧，当孩子独立并离开自己后，感觉就像被抛弃一般痛苦。

由于担心孩子不再需要自己，父母会继续为孩子做很多孩子自己应该做的事情。很多家长喜欢对孩子的事（如找工作、谈恋爱、结婚、生孩子、离婚等）指手画脚，甚至是帮孩子做很重要的决定，而这些都会继续维持孩子自己对生活的无力感。就这样，父母和孩子紧密相连，牢牢地纠缠在一起。被父母操控的成人中，有的人即使已经五十多岁了，还在受父母控制。更需要强调的是，这种控制在父母过世后，依然还会存在。

父母对孩子的操控，主要有以下两种表现。

1. 显性控制

这种控制，就是很明显的操控。其典型特点是：孩子的生活孩子说了不算，家长来做主。

小梦妈妈的父母就属于这种类型。"我们觉得你这个老公不好，想要的外孙子也没有，这婚要离！我们说离，就得离。咱家不差钱，离后再给你找个好的！"显性控制就是这样直截了当、简单粗暴。

这样的父母以自我为中心，不以孩子的感受为中心。在他们看来，所有事情都是非此即彼的选择题，离或者不离，没有中间选项。

在这种父母心中，孩子的婚姻是对自己的一种挑战，因为这可能会夺去孩子对他们的爱。因此，他们常常与孩子的配偶发生激烈的冲突。

2. 隐性控制

这类父母在对孩子的操控上显得没有那么生硬。他们常会说的话是"我们都是为了你好""我们这么爱你，不想看到你犯错，将来后悔"。

这类父母用都是为孩子好的说法，让孩子觉得这都是父母对自己的爱和关心。如果孩子心中升起一点父母这样做是在摧残自己的信心和能力的意识时，就会觉得内疚："他们对我这么好，他们是爱我的，我这样不对。"

所以，孩子到最后还是会采纳和听取父母的意见："我爸妈是不会害我的。""他们的生活经验比我丰富，经历的事情多，我听他们的应该没有错。"

这种合理化的自我解释，压抑了孩子内心想要做自己的努力，也让孩子不能做自己的怒火无处宣泄，只能压抑在内心深处，成为无名之火，在生活中随时都会被触发。

面对操控性很强的父母，孩子只能选择妥协或者叛逆。但即使是叛逆，孩子仍然没有真正独立，父母的情绪会在他们心中激起强烈的反应。他们仍然和父母紧紧地捆绑在一起，把力量用在对抗父母的身上，而不是专注于自己的发展。

教养直播间

　　一天放学后，我见到小梦爸爸，他来接孩子去练跆拳道，希望孩子能更加勇敢一些。看着他们远去的背影，祝福他们能够更加幸福……

遭受虐待的孩子

一天，四年级的班主任小邱来找我，她跟我说起班里一个学生的情况。

"这个孩子叫小凯，有时候脸上、胳膊上青一块紫一块的，他说是他自己不小心碰的。今天我发现，他脸上有明显的手掌印，一看就是被人打的。我仔细问了问孩子，他才说是他昨天在家里做错事，妈妈打的。我觉得这事情比较严重，跟您汇报一下。"

虐待孩子这种事件在网络上经常能看到，有很多还是性质很恶劣的事件。我请小邱帮我邀请小凯妈妈到学校来，我想和她谈一谈。

这天下午，小凯妈妈如约来到咨询室。

我首先发问："邱老师发现小凯身上有时会有被打过的痕

迹，这两天孩子脸上有明显的手掌印，我们想了解一下这是怎么回事？"

小凯妈妈听到我这样问，生气地说："这孩子太不听话了，怎么说都不听，我有时候生气就会打他，让他长一点记性。"

"邱老师通过观察，判断你这不是第一次打小凯了，你觉得打他有用吗？"我问。

小凯妈妈又气又急地说："刚打的时候能好两天，之后又不行了。老师，你说我该怎么办呢？"

"很欣赏你的觉察，你也发现了打孩子只能让他怕你一时，并不能起到真正的教育作用，是吗？"

"是啊，老师，说句实话，我当初怀孕的时候，就发誓，将来不论怎样，我坚决不打孩子，无论有什么事情，都和孩子好好说。可是没有想到，我现在竟然也在打他……"小凯妈妈说着，眼泪流了下来。

我等她情绪稳定一些后，问她："我看到你在哭，你的眼泪在说明什么呢？"

小凯妈妈擦去眼泪，哽咽地说："我很难过，也很后悔。我真的不想打孩子，因为我知道孩子被打的感觉。我小时候，我爸在部队工作，我妈一个人带着我，她在我小时候特别爱打我。她常常对我发火，好像我干什么都不对。记得有一次，外面的雨很大。我妈可能在外面遇到什么不开心的事情，回到家里看到我在画画后，就开始骂我。我吓得锁上门，她就在外面使劲打门，我真的吓坏了。后来她找到了钥匙，把门打开，对我一顿狠打。我不知道自己做错了什么，哭得特别伤心，害怕极了。从那以后，我不喜欢回家，我只想快一点长大，离开家里……"

个案分析

原来，小凯妈妈曾经在原生家庭中受到过母亲的身体虐待。当她为人母后，发誓不会打孩子，可是，代际传承的魔咒，让她仍在继续重复着母亲当年对待她的方式。打孩子成为她教育小凯的一种主要手段。

学到什么

在原生家庭中，父母对孩子的虐待会对孩子造成很大的伤害。父母对孩子的虐待大体分为两种：一种来自身体上，一种来自精神上。

1. 身体上的虐待

在中国有"棍棒底下出孝子""三天不打，上房揭瓦""不打不成才"等老话。许多父母打孩子之后，就会把这些话当作自己打孩子的理由和借口。可就算孩子真的犯了错，父母要惩戒孩子，体罚并不是唯一且必需的选择。体罚的威慑作用只是暂时的，而对孩子造成的长远伤害却是难以磨灭的。

父母打孩子，与其说是孩子犯了错，不如说是父母自己内在的压力、焦虑等造成的。

对孩子进行身体虐待的父母，通常有以下四个特点。

第一，父母自身的负面情绪太多，自控能力差。通过虐待孩子宣泄自己的负面情绪，常常在打孩子时难以控制，直到发泄完心中的怒火。

第二，很多虐待孩子的父母小时候也有遭受虐待的经历。案例中的小凯妈妈就是典型的这一类。

第三，虐待孩子的父母本身的人格就是不健全的，他们带着这种缺陷进入婚姻，从情感层面来讲，他们其实还不成熟。

第四，父母有酗酒、吸毒的情况，可能会加剧这种情况的发生。

遭遇过身体虐待的孩子，成人后将会遇到很多的困难和阻碍。因为童年的经历严重破坏了他们信任感和安全感的建立。孩子在家庭中，面对打骂自己的父母是很难建立起真正的安全感的。这样的父母就好像在家里随身携带着一个炸药桶，不知道什么时候就会爆炸。大家能够想象这样的家庭环境会给孩子带来多大的精神压力吗？孩子常年处于这样的环境中，怎能觉得踏实、安稳呢？孩子最信任的亲人都这样对待他，那外面的人又能好到哪里去呢？这会使孩子难以相信自己的父母，也难以相信父母以外的人，在和人相处时会有很强的戒备心。

被虐待孩子的内心充满了焦虑、紧张、害怕和痛苦。他会觉得自己是坏孩子，同时坚信正因为自己是坏孩子，才会被父母打。这一切都会给他们的生命染上灰暗的底色：极低的自我价值感、不和谐的人际关系、时常的无力和无助感、深深的恐惧和无名的怒火。

2. 语言上的虐待

对孩子进行语言虐待的父母不会像身体虐待型的父母那样打孩子，但常常在语言上对孩子的言行、外表和自尊等方面进行挖苦、讽刺、嘲笑和贬损。这也是对孩子的一种虐待方式。

父母通过言语虐待孩子主要有两种方式。一种是经常对孩子恶语相加，骂孩子愚蠢、笨蛋和蠢猪等，是非常直截了当的语言暴力。另一种比较隐晦，常用挖苦、讽刺、取笑、指桑骂槐的方式攻击孩子，给孩子贴负面标签或者取侮辱性的外号等。

很多父母并没有觉得自己说的话会对孩子造成伤害，有的父母认为自己就是在开玩笑。可是父母需要知道的是，小孩子是很难分辨玩笑和事实的，就算父母贬损孩子是开玩笑，孩子也会觉得父母说的都是真的。如果父母说"你真是一个小笨蛋"，孩子就会觉得"我就是一个笨蛋"。

关于言语虐待，以下几点需要特别注意。

（1）大家应该知道，家长对孩子说出的一些言语虐待的话，宣泄的是某种负面情绪，都带有一定的负能量。这些负能量在家里产生后，不会平白无故地消失，那么，这些负能量都跑到哪里去了？

其实，很多负能量都被家里的孩子，尤其是年龄最小的孩子承接了。如果这个孩子的先天气质属于忧郁型，那么他吸收得会更多。这些吸收都是在潜移默化中发生的，相信没有父母希望孩子这样，但是因为小孩子正处在对周围发生的一切全力吸收的年龄，就好像处在山谷最低处，而负能量像水一样从高往低流下来，在这种情况下，处于最低处的孩子只能被动接收。

（2）在对孩子言语虐待的情形中，有一种是比较常见的，需要引起大家的注意，就是妈妈一方面很希望自己的孩子优秀，另一方面却在不断地打击孩子的自信心。很多妈妈认为不能夸奖孩子，那样孩子会骄傲自满。她们认为，只有不断地鞭策孩子，让他知道自己很差劲，才能够激发孩子的动力。可其实这样做只会让孩子处在对自我认知的矛盾之中，白白地内耗自己的生命力。

（3）很多妈妈期待孩子能够十全十美，虽然从理性上讲，她们知道这是不符合现实的，是不可能的事情，但是，当妈妈们真的这么做的时候，可能就会不自觉地拿别人家的孩子和自己的孩子做比较。虽然有时候我们不承认自己在这样做，但是对孩子的讽刺、挖苦和嘲笑的语言常常不设防地从口中冒出来。

这种追求完美的不合理期待会使妈妈们对孩子犯错这件事特别敏感，很容易发生过激反应。在妈妈眼中，犯错误是可怕的、要极力避免的事情，错误没能成为妈妈指导、教育孩子的理由，反而成为妈妈抓住不放的把柄和大声责骂的理由。

这种追求完美的妈妈的孩子在实际生活中很有可能会变成严重拖延症患者，直到长大成人。很多孩子做作业拖拉、磨蹭的背后就存在这样的心理。因为害怕自己做得不完美，害怕自己犯错，所以一拖再拖，拖到自己内心恐惧，看着时间一点一点地过去，可就是没办法高效地行动起来，到最后甚至可能发展成为心理瘫痪，导致自己一事无成，什么事情都做不好。

教养直播间

　　这次咨询后，小凯妈妈决定勇敢地面对自己童年时期被虐待的经历，开始修复自己的童年伤痛，并因此反思对小凯的错误教育方法。

我觉得快要撑不住了

临近期末考试，来咨询的家长比平时多一些，很多家长都希望找到帮助孩子提升学习成绩的方法。学习成绩是多少家长、老师、孩子都密切关注的核心啊！

有一天来的是小天妈妈。小天妈妈是我的中学同学，从上次同学聚会时她听说我一直在做心理健康教育工作后，就一直对我很关注。当天看到她，气色比上一次见面时要差很多，整个人也瘦了一大圈儿，她遇到什么难事了？

寒暄之后，我请她先讲明来意。

小天妈妈双手紧紧地攥在一起，咬了一下嘴唇，长长地舒了口气，说："我觉得自己快撑不住了。我不认识其他可以信赖的咨询师，所以我只能来找你。我需要你的帮助。"说完，她的眼泪就止不住地流了下来。

　　她这个样子吓了我一跳。"谢谢你对我的信任，你能告诉我发生了什么事情吗？"我身体向前探了探，关切地问她。

　　小天妈妈止住眼泪，语气沉重："小天出事了，现在还在医院里。"

　　"啊？出了什么事？"我一惊。小天这孩子特别懂事，我之前见过她，对她印象非常好。

　　"上次考试，小天没有考好，她想不开，做了傻事，跳楼了。差点小命都没有了，送到医院，昏迷了好几天，总算抢救过来了。这孩子命大，就是骨折，现在还在医院里。"小天妈妈语气沉重地讲了事情的始末。

　　听到孩子没有性命之忧，我心里的一块石头才算落了地。不管怎么样，孩子的命是保住了，这是不幸中的万幸啊！

　　"孩子一出事，我整个人都懵了，这段时间我都不知道是怎么熬过来的。现在已经两个多月了，孩子的情况慢慢稳定下来了。大夫说，下周就可以出院了，之后还有两个小手术，等过完年再做。"说到这里，小天妈妈的语气缓和了下来。

　　"从孩子出事到现在，我心里一直憋着劲儿，不论怎么样，都要把孩子救过来。就这样大大小小的手术不停地做，孩子这次算是把罪都受够了。现在孩子快好了，我心里提着的劲儿才算松下来一点，可是一松下来，才发现我自己心里受不了了。我到现在都想不通：孩子为什么会这样？为什么这么傻？是我哪里做错了吗？我想要知道答案，我不知道自己哪里做得不对。以后孩子回到家里，如果我还继续用过去的方法教育他，又伤害了他怎么办。我不敢想，我很害怕……"小天妈妈说完这些话，低下头又开始哭了起来……

个案分析

近年来，孩子跳楼的事件频发，给很多家庭带来了致命的打击。小天妈妈能够在孩子出事后反思自己的教育方法，是非常难得的。可以说，孩子跳楼这样极端的事件，正是在提醒父母家庭教育方式可能存在严重的问题。

学到什么

让我们追溯事情发展的源头，孩子在期中考试后觉得成绩不理想，想不开而跳楼。在我与小天妈妈的谈话中，我问她平时对孩子的学习成绩要求高不高时，小天妈妈说没什么要求，因为孩子一直学习都挺好的。

小天的妈妈是我的中学同学，她在上学时成绩优秀，对自己要求很严格，可以说是我见过的最严于律己的人。记得有一次，老师让她在班里分享学习经验，她说每天的学习都有详细的计划，什么时间做什么，都清清楚楚的。听起来真像个机器人一样一丝不苟，连我们老师都对她赞不绝口。她的人生座右铭就是"享受当第一名的快乐"。她的学习成绩一直是班级第一。最后，她以优异的成绩考上了名牌大学，现在在本市的一所大医院里工作，不过事业上的发展好像没有她在学校时那么辉煌。

小天妈妈其实是一个要求很高的人，但是她自己可能认为做人就应该如此，这并没有什么不对。所以，当她有了孩子后，她把这种价值观无形中传递给了孩子，让孩子感到了很大的压力。而这一切都是在她没有觉知的状态下自然发生的。直到小天出事，她才开始反思自己的问题。

正如这首小诗所写的：

如果爱不能唤醒你，

那么生命就用痛苦来唤醒你。

如果痛苦不能唤醒你，

那么生命就用更大的痛苦来唤醒你。

如果更大的痛苦不能唤醒你，

那么生命就用失去唤醒你。

如果失去不能唤醒你，

那么生命就用更大的失去唤醒你，包括生命本身。

小天这次是在用生命的失去唤醒妈妈，唤醒她家庭教育中的错误养育方式。所以，小天妈妈首先需要改变自己，探索她自己高要求的原因是什么。

小天妈妈的父母都是大学生，在那个年代有这样高学历的家庭并不多。他们对小天妈妈的要求很高，小天妈妈在父母的鞭策下，一路学霸并考上了重点大学。她的生活其实也是被父母过多控制的。

今天，我们就来了解一下可以通过哪些具体的方式减轻父母对我们的影响，改变这种令人痛苦的生命模式。

在介绍这些方法之前，我们可以通过美国心理学家苏珊·福沃德设计的问卷，从观点层面来看一下自己和父母的关系是怎样的。

如果你认为以下说法正确，请在句子后面打"√"。

在我和父母的关系中，我有以下观念：

1. 让父母高兴是我的一个重要责任。（　　　）

2. 让父母感到自豪也是我的重要责任。（　　　）

3. 我是我父母的全部。（　　　）

4. 父母如果没有我，将活不下去。（　　　）

5. 如果失去父母，我活不下去。（　　　）

6. 如果我把自己生活中一些不好的事情告诉他们，如失业、流产、离婚、生重病等，就会要了他们的命。（　　）

7. 如果我和父母抗争，把内心的不满表达出来，我就会失去他们的爱。（　　）

8. 父母的感受比我的要重要。（　　）

9. 和父母沟通没有什么实际作用，因为他们根本不会听。（　　）

10. 如果父母能够做出一点改变，我就会变得更好。（　　）

11. 我以前太不懂事了，我必须要给父母以补偿，来报答他们。（　　）

12. 不论父母做什么，他们都是我的父母，我都要尊重他们。（　　）

13. 如果在委屈父母与委屈自己的感受之间做选择，我选择自己难受。（　　）

14. 父母无法控制我的生活，因为我一直都在和他们抗争。（　　）

如果这些观念中有四个以上适用于你，那么说明你和父母的关系仍然有纠缠，你的情绪仍然被父母控制。虽然你已经成家立业，可是你并没有成为独立的自己。

当我们的原生家庭有问题时，很多人是难以察觉的，认为一切天经地义。当我询问来咨询的妈妈对自己父母的某些行为有怎样的感受时，得到的回答常常是"没有什么感受……我说不出来……"。我们中有太多人与自己失联，对自己的感受没有觉察。

如果我们心里的感受说不上来，我们还可以通过留意身体的反应来觉察。在有问题的家庭里，人的身心都会受到损害。妈妈们也可以对照一下，当自己回到原生家庭中，或者和父母谈论某些话题时，自己的身体有没有这些反应：头疼、头部发紧、胸口闷、胃痛、肌肉紧张、疲劳、厌食、贪食，感觉疲惫，乏力，没有精神。这些问题通常到医院检查不出生理病变，但是这些症状确实存在，其中很多就是处于压力环境下造成的。

那么，如何摆脱父母的过度控制，成为更独立的自己呢？具体的方法有以下几种，妈妈们可以评估一下自己的情况再有选择地做，必要的时候可以寻求咨询师的帮助。

1. 学会使用非辩护性回应

当我们和父母对话时，他们说的有些话会让我们觉得很刺耳，不爱听，有时会激起我们强烈的情绪。在这种情况下，我们常常被自己的情绪控制，从而做出一些激烈的反应。

在此，建议妈妈们学会使用非辩护性回应的方法。也就是说，通过一种有节制的、温和的方式坚定地表明自己的立场。

使用这种方法进行回应时，经常用到的句子有：

"是这样的，我明白了。"

"哦！""啊！"

"很遗憾，您会这样想。"

"这是您的想法。"

"给我一点时间，让我想一想。"

"我知道您的想法了，我过两天给您回复。"

"不好意思，让您生气了。"

这样的谈话方式是我们在回应，我们不会搅到情绪当中而被情绪控制。在这样的对话中，我们始终掌握着局面。

2. 分清楚事情的责任

我们讲过，小孩子很容易把家里不好的事情都归因于自己不好，是自己造成的。对于在原生家庭中受过伤的妈妈来说，清楚地界定责任归属是十分必要且十分重要的。

我们要清楚，父母忽视我们，控制打骂我们，讽刺、嘲笑我们，不能够保护我们，抛弃我们等，这些都不是我们的错。这些错误做法的责任在父母，不在于孩子。并不是因为我们的错误才让他们这么做，而是他们自己用了错误的方法，是他们做错了！只有我们把这个沉重的包袱卸下来，我们才有机会把爱放在心里。

需要强调的是，让父母承担起他们应该承担的责任，也意味着我们要承担起我们应该承担的责任。也就是说，当我们成人后，我们需要对自己的生活更加负责，而不是把自己当下种种的不如意都归罪于父母错误的养育方式上，继续当一个受害者。我们可以通过学习心理学，或者通过寻求咨询师的帮助，做出新的选择和改变，修复自己曾经的伤痛，开启全新的生活。

3.　学会表达愤怒，而不是愤怒地表达

很多人对愤怒存在误解，觉得人愤怒是不对的。

其实，愤怒的情绪是人类正常的基本情绪反应之一。这种情绪常常在表明我们的边界。所以愤怒并没有错，错的是我们表达愤怒的方式。

当妈妈被孩子气得火冒三丈，忍不住大喊大叫，甚至是歇斯底里的时候，只是在用愤怒的方式表达自己的情绪，这并不是教育！孩子因为害怕妈妈的大发雷霆，可能会暂时改过，但从长远看，这样做并不能起到真正有效的教育作用。

当妈妈产生了愤怒的情绪时，下丘脑会马上生成一种化学物质，叫作"胜肽"，随着血液流动到身体的每一个细胞中，被细胞周边的感应器接受，久而久之，感应器就对某种胜肽有了"胃口"，会产生"饥饿感"。所以，如果妈妈很久没生气，细胞就会发出想要发脾气的需求，它们在渴望那种胜肽来喂饱自己。在这种情况下，妈妈的坏脾气就特别容易被引爆。

当妈妈觉察到快发火的时候，要意识到这是自己身体要喂饱胜肽的信号；要明白我们需要学会做它的主人，而不是成为那种情绪——我很愤怒，但我并不是愤怒，我也不想成为愤怒本身。只有明白这两者的区别，才能帮助我们对发火的冲动按下暂停键。

除了学会及时按下愤怒的暂停键，妈妈也要学会用温和、坚定的语气表达愤怒："我看到你这样，真的很生气。"甚至可以说："我真的很想好好打你一顿。"也可以说自己的身体的一些反应："我现在头很疼，胸口也很堵，我差点被气晕了。"当妈妈能够平稳地把这些话讲出来时，心里会觉得舒服很多，那种被愤怒情绪胁迫的感觉就会被释放出来，从而为下一步和孩子的顺畅沟通奠定良好的情绪基础。

学会表达愤怒，而不是愤怒地表达，妈妈要练习很多次才能慢慢做到。如果妈妈真的能学会管理好自己的情绪，就会拥有新的选择，成为自己情绪的主人，那真的是很了不起的突破，那将是为孩子做出的最佳身教示范！

教养直播间

　　小天妈妈从原生家庭中找到了自己追求完美的根源在于她父母的高要求，父母的这种高要求让学生时代的她觉得很疲惫。现在，她决定改变自己以及自己对小天的教养方式。

第六章

家家有本难念的经

MAMA

DE

JIEYOU

ZAHUOPU

俗话说："家家有本难念的经。"幸福的家庭是相似的，不幸的家庭各有各的不幸。对于每一个家庭而言，孩子身上的问题，折射出的是家庭的问题、父母的问题。

本章将要讲到的几个家庭中，每个家庭都有自己的问题，且具有一定的代表性。

爷爷奶奶成为我教育孩子的阻力

亮亮妈妈听过我的讲座之后，就预约了咨询。虽然亮亮才上一年级，可是这位年轻的妈妈为了孩子的教育已经积攒了很多的困惑。

"我今天来是有一个很大的问题，我实在不知道应该怎么办。"亮亮妈妈眉头皱在一起，一副很苦恼的样子，看起来确实遇到难题了。

"我们家里现在的情况是，我们一家三口和孩子的爷爷奶奶在一起住。虽然说，家里有老人可以帮做饭、接送孩子，可是在教育孩子方面也有弊端。爷爷奶奶太溺爱孩子了，孩子从小就被惯得没有规矩。这才一个学期下来，老师就叫了我好几次，说孩子纪律不好，上课爱说话，爱做小动作。"小亮妈妈越说越生气。

"那你们可以和爷爷奶奶分开住吗？"我问。

"我们也想分啊！但是爷爷奶奶家离学校和幼儿园都很近，而我们的房子离学校很远。我们自己单独租房子吧也不行，因为孩子爸爸经常出差，我也经常加班，确实也没空带孩子。真是左右为难。"亮亮妈妈皱起了眉头。

"这确实是现实的矛盾。那当你们和爷爷奶奶的教育理念不一致的时候，有没有和他们沟通过这个问题呢？"

"说过，但是没有用，他们答应得好好的，可是做不到。比如，我说不要让孩子总是看电视时，他奶奶答应了。可是遇到我周六加班，他爸出差时，孩子就跟着他奶奶在家看了一天的电视，你说气人不气人。她也不带孩子到楼下去玩一玩，转一转，就待在家里看电视……最让我生气的是，亮亮对他奶奶比对我还要亲。晚上睡觉的时候，我刚给他讲完故事书，他就跑过去和奶奶一起睡。我以前觉得这样还挺轻松的，可是现在越来越觉得失落。我担心孩子以后爱他奶奶超过我。所以，平时我只要有机会，我就会和孩子单独在一起，不让他奶奶来搅和。可是这样有时候真的很累，我该怎么办呢？"

个案分析

亮亮妈妈所反映的隔代养育问题是很普遍的。这问题主要体现在两个方面：一方面是妈妈很担心爷爷奶奶对孩子的溺爱对孩子不好，另一方面是妈妈与爷爷奶奶对孩子的爱的争夺。

学到什么

隔代养育在生活中很常见，尤其在孩子小的时候。这个案例中亮亮妈妈也曾考虑自己带孩子，可是因为许多现实的困难，只能和孩子的爷爷奶奶住在一起，请他们帮忙带。在这种情况下，两代人的教育理念产生分歧是一定的。既然选择和老人一起住，亮亮妈妈需要做好的思想准备是：以老人的意见为主。要不然就自己带，谁的意见也不用管。

可这对很多妈妈来说是很难的。但是，不同选择会有不同的后果，抱怨也没有用。接下来的重点就是如何与老人搞好关系，只有和老人关系和谐、融洽了，才能给孩子提供最好的成长环境。

1. 表达对老人的感恩、肯定、欣赏

亮亮妈妈应该明白孩子是自己的，老人并没有义务帮自己带孩子，所以对老人一定要心存感恩。老人完全可以不受这份累，这么辛苦地带孩子。老人付出了很多，这种付出也需要得到儿女的认可。因此，亮亮妈妈需要在生活中多肯定、欣赏老人的做法，老人的辛劳也需要家人的鼓励啊！

只有和老人的关系处好了，那些教育观念，老人才有可能听得进去并采纳。

2. 提醒自己不要太贪心

亮亮妈妈享受着老人为自己带来的种种便利：可以继续发展事业，可以有时间去逛街、聚会，不用担心加班，不用接送孩子，不用做饭、洗衣服、做家务等。这些对很多独立带孩子的妈妈来说都是很奢侈的享受，是可望而不可即的。

亮亮妈妈在享受这些便利的同时，还想让老人在教育孩子的问题上听她的，想要掌控一切，要求老人按照她的想法来，这是不是有一点贪心呢？

当亮亮妈妈能明白这些时，感恩的心才能升滋生出来，也许就能放下心中许多不合理的期待和想法。

3. 自己不好说的话，可以借权威的嘴来说

亮亮妈妈经常从书上或网上看一些养育方法，然后讲给老人听。但是这些方法在老人眼中常常显得无足轻重。老人会想：我没学你讲的这些，不也把孩子教育得好好的吗？你这个新手，还不如我有经验呢。

这种情况下，妈妈可以借"权威"人物的嘴说事，如老师、医生、养育专家之类，老人反倒更能听得进去。

比如，亮亮妈妈发现孩子总是和奶奶看电视，觉得这样不好，可以把网上专家关于"小孩经常看电视的危害"的讲

座视频和老人一起看一看，说这是幼儿园老师让看的。通过老师和专家之口说出来，老人更容易听得进去。

4. 通常情况下，不必太在意

其实，亮亮妈妈不必太在意老人的一些做法，除非是特别出格的行为，如虐待、打骂孩子或者严重毁三观的做法。一般来说，生活中的一些养育分歧都是一些鸡毛蒜皮的小事情，妈妈的担心主要来自自己的焦虑和紧张。

所以，妈妈需要把心放大一点，因为孩子必然要面对世界上形形色色的人，他不可能永远只和妈妈这一类人接触。不论怎么样，家里的老人总比外面的保姆更让人放心，也是目前情况下最好的选择。

下面，我们来看一看亮亮妈妈和奶奶竞争孩子的爱这件事。

1. 这种竞争不利于孩子的健康发展

亮亮妈妈妒忌亮亮对奶奶的爱，所以总是想要独占孩子，怕孩子被奶奶抢去。这种情绪只是一个信号。现在我们来看一看这个信号传递了怎样的信息。

首先，妈妈陪亮亮的时间没有奶奶的多。如果亮亮上一年级了，晚上还要和奶奶睡，那么说明亮亮选择的"重要他人"是奶奶。这是一个信号，提示妈妈需要给孩子更多的爱和关心。

从另一个角度来看，奶奶很爱孩子，付出了那么多，这世界上有这样一个爱着孩子的人，不也是一件值得高兴的事情吗？

站在孩子的角度，如果孩子发现两个亲人在抢夺自己，那么他内心的矛盾冲突就会特别大。尽管孩子不一定能说明白，但是他的心里都能够感觉得到。

我见过一个类似的案例，有个孩子夹在妈妈和奶奶的中间，辛苦地两边讨好。当奶奶在家时，他害怕奶奶不高兴，故意疏远妈妈，因为奶奶是这个家庭的权威。当奶奶不在家时，孩子又和妈妈很亲。就这样，终于有一天，这个四岁的孩子开始用头去撞墙。这个只有四岁的孩子能感受到一切，并用他自己的方式寻找解决方法。

所以，亮亮妈妈千万不要逼得自己的孩子在亲人中间选择，这是很残忍的事情。妈妈要做的只是给孩子更多的爱。

2. 妈妈对竞争的敏感来自哪里

亮亮妈妈止不住地想要和奶奶竞争孩子的爱，来自她自己原生家庭中安全感的不足。通过和亮亮妈妈深入沟通我才知道，原来亮亮妈妈的原生家庭中有三个孩子，她排行老二。她总觉得爸爸妈妈更偏爱自己的姐姐和弟弟。而且，姐姐和弟弟好像确实在某些方面比自己更加优秀，这让她既自卑又难过，不论自己怎样在父母面前表现，他们也难以看到自己。亮亮妈妈在和姐弟的竞争中，感受到了自己的失败，这给她心里留下了阴影。所以，在她的成长过程中，每当有竞争的状况出现时，亮亮妈妈就会受不了。虽然她觉得这样对奶奶不对，但是仍然难以控制自己。

像亮亮妈妈的这种情况，是来自原生家庭中的具体问题，需要继续找专业的咨询师进行治疗，单凭她自己的能力是很难疗愈的。

教养直播间

亮亮妈妈在继续做了几次咨询后，终于解开了心中的结。她发现，其实很多关于孩子的问题都是自己的问题。在解决了自己的问题之后，她心里敞亮、轻松了许多，和孩子奶奶的相处也更加融洽了……

孩子爸爸经常不在家，担心孩子缺少父爱

个案回放

今天来咨询的是小樱妈妈，她之前听过我的讲座。因此，在咨询室，我们又见面了。

小樱妈妈文静又温柔，说话也是轻声细语的："老师好，我想说说我家小樱的事情。她现在上二年级了。她本来就挺文静的，可是，我发现她越长大，胆子反而变得越小了，我担心这样下去对她将来不太好。"

"你觉得孩子胆子小，有什么具体的表现吗？"我问。

"是这样的，我先给您说说我家里的情况。小樱爸爸是做销售工作的，平时基本都要常驻深圳，我们常常一两个月都见不到他，只能平时打打视频电话。"小樱妈妈的言语中有很多无奈。

"从孩子上幼儿园到上学，他爸爸从来没有参加过她的

家长会；遇到学校父亲节的活动，她爸爸也没有参加；对于老师在班群里发的消息，他也不看；老师问了我好几次，'你们家是不是单亲家庭啊？'我听到这样的话，真的很难受。给老师解释时，我自己都觉得很无力……"小樱妈妈说起她老公时难掩深深的埋怨，也许这些话她平时很难能痛快地讲出来。

"那你目前都是自己一个人带孩子吗？"

"之前让我妈过来帮着带过，后来我爸身体不好，我妈就回去照顾我爸了。我和她奶奶的个性没办法长期住在一起。"小樱妈妈一脸的无奈和委屈。

"那你一个人带孩子确实很辛苦啊！"

"是啊，以前没结婚、没孩子的时候，哪里受过这些罪。现在家里几乎所有的事情都需要我自己扛，她爸爸除了每个月给点家用的钱，几乎什么事情都帮不上忙。让他回来工作，他说现在正是事业上升期，如果回来，就再也没有这样的发展机会了。于是，就这样一年一年地拖着。"小樱妈妈越说越生气。

"看来，这样的状况给你带来很大的压力啊，那这些和你要讲的孩子胆小有什么联系呢？"我不得不把小樱妈妈从她对她老公的抱怨中拉回来。

"是这样的，比如，孩子晚上睡觉的时候，我已经把门

锁好了，可她还是不放心，要让我再去看一下门锁好了没
有。她爸爸在家的时候，她就不会这样。平时家里就我们两
个人，有一点什么动静，连送外卖的敲门声她都害怕。她现
在已经上二年级了，本来应该分床了，但是她胆子小，不愿
意在自己房间睡。我也不想她和我分开。可是我觉得这样对
孩子可能不太好……"

个案分析

　　案例中的小樱并没有什么大问题，主要是小樱妈妈自己
在婚姻关系中有太多的不满。小樱妈妈的故事讲出了现在很
多家庭中都存在的问题——丧偶式养育。老公常驻外地，除
了经济上支持家里以外，生活上没有更多的帮助了。小樱妈
妈本来就有些文弱，原本是一个小鸟依人的女人，现在要变
成独自承担家庭重担的女汉子，独自一人带着孩子，她自己
内在也会有一些不安全感。对于这些问题，孩子当然都能感
受得到，从而受到影响，并对妈妈有所怀疑："妈妈，到底行
不行啊？"所以，小樱妈妈首先要调整的是自己的状态，如
果不能改变现状，那只能学会适应，把自己坚强、独立、强
大的力量展现出来。只有妈妈变得更有力量了，孩子才会感
觉更安全。

学到什么

人们常说，改变可以改变的，接纳无法改变的。这句话说起来容易，做起来难。在无法改变现状的情况下，小樱妈妈如果愿意接纳目前的状况，自我成长起来，那就不仅能给丈夫一个有力的支持，也能给女儿一个有安全感的家。

这对小樱妈妈要求很高。但是，一个女人要明白，任何时候都要靠自己。如果已经当了母亲，则要更加坚强与独立！

今天，通过这个案例，想要给大家分享的是，女性在亲密关系中的自我成长。

相信很多女性和小樱妈妈一样，在结婚前对婚姻充满了美好的憧憬。也有很多女性结婚是为了摆脱原生家庭的困扰，以为结婚后一切都会好起来。可是真的进入婚姻之后会发现，婚后面临的困难比婚前还要多，还要复杂，这一切也许会让自己对对方、对婚姻的感受发生很大的变化，从而在亲密关系发展过程中引发很多矛盾和冲突。

当亲密关系发展到这一步，我们该怎么办呢？不是也有很多人亲密关系相处得很好吗？他们是怎么做的呢？

首先，我们要清楚的是，进入亲密关系中的两个人都是独立完整的人。在这个关系中，两个人只有各自保持对生活的独立，才能为以后关系的发展打好一个基础。所以，亲密关系是两个独立的人的相互陪伴，而不是一方对另一方的依靠。

因此，在进入亲密关系前，首先要处理好现在的自己和过去的自己的关系。

其次，要清楚的是，在亲密关系中，我们想要从对方身上得到的其实都是自己在原生家庭中缺失的归属感和价值感。我们会因某事和对方争吵、发生冲突，其实都是因为这事勾起了自己生命中曾经的旧伤痛。我们不愿意承认这些冲突的根源其实在于我们自身，我们更愿意怪罪于对方，因为我们不愿意去面对那些旧伤痛，揭开那些旧伤疤，那是很痛苦的。所以，真的不是伴侣的问题，是我们自己的问题。如果自己的问题不解决，就是换一个伴侣，这些问题依然会出现。而亲密关系是我们处理旧伤的最好机会，如果我们能认识到这一点，我们就能够把焦点转回到自己身上，而不是一味地责怪另一半。

最后，如果我们能认识到以上两点，我们能选择为自己的痛苦负责，表达自己的痛苦，然后两个人都可以平静地去体验这种痛苦，一起用爱来支持彼此，一起度过，那么事情就会向好的方向发展。

在彼此支持的过程中，两个人进行下面几个问题的沟通将会有所帮助。

（1）这样闹，我到底想要什么？

（2）我和他之间是不是有一些误会需要澄清？

（3）我的这种负面情绪最早发生在我几岁的时候？

（4）这种情绪让我有怎样的感觉？（可以写下来。）

（5）我能否用爱来回应这些感受？就像我当初爱他时候的那样。

（6）我想要对方怎样的支持？（我可以直接告诉他。）

如果小樱妈妈能把目前的状况当作是在亲密关系中自我成长的一个课题，也许就能找到内在的力量，化解心中的报怨，转而用爱来回应这一切，她和她丈夫的关系将会变得更加亲密深厚。他们的婚姻将会更加稳固，亲子教育也会顺利很多。

教养直播间

小樱妈妈将信将疑：这样婚姻还能好到哪里去呢？自己一个人能很好地教育好小樱吗？不过，她决定还是从满足自己曾经未满足的期待开始，做更独立的自己……

你为什么不懂得保护好自己

晚上十点多了，电话铃突然响起，是二年级的班主任王老师打来的。

"校长，我们班有件事情很棘手，我刚才一直和家长沟通，我觉得有必要跟您汇报一下。"王老师话音中的紧张与她平时的淡定风格完全不同。

"怎么了，听起来你很紧张。"

"我班里两个孩子的事情。唉！我这电话里说不清楚，可是不说我心里又很难受。"王老师左右为难的语气，这大晚上的说得我都着急。

"什么事情，你直接给我说，没关系。"

"我一句两句也说不清楚，其实没有那么着急，但是比较严重。我心里有点难受，还是明天早上我去找您当面说吧。"还没等我回答，她就把电话挂了。

看来王老师是真遇到事情了，也许她紧张的情绪无处安放，给我打个电话能心安一些。

第二天早读的时候，王老师带着两个小男孩来到我办公室，看样子她没休息好，脸色暗黄，少了平日的光彩。

王老师说："这两个孩子下课欺负同学，打人家女孩耳光。女孩吓得今天都不敢来上学了。女孩的妈妈情绪很激动，昨天晚上我劝说了半天，才将其安抚住。"

眼前这两个小男孩，其中一个看起来很机灵，叫小明；另一个瘦小一点，弱弱的样子，叫小海。

我把他们叫到跟前，问："发生了什么事情，你们能给我说说吗？"

那个机灵的小明说："我们两个做了不好的事情。我们下课的时候和玲玲一起钻到桌子下面玩石头剪刀布，谁赢了就可以打玲玲一个耳光。"

两个孩子低着头，我问："你们之前这样玩过吗？"

"没有。"孩子摇摇头。

"那你们看谁这样玩过吗？"

两个孩子互相推着，挤着眼睛，都想让对方说。

小明说："我们家小区有个男孩这样子玩过，我们就学他的样子，不信你看。"

小明抓起小海的手，打开他的电话手表，给我播放一段视频。视频是两个男孩在小区的楼道里，一个大一点的男孩子掐着小海的脖子扇他耳光。

我震惊了，可更震惊的是另外一个视频。

还是那个男孩，脱掉小海的裤子，一边脱一边笑，之后开始扇小海耳光。除了视频，还有很多小海的裸照。

看到这些，我简直不敢相信竟然会发生这种事！

小明这时候抢着说："这是我们小区的男孩，他上三年级，是春风小学的。他打小海，让我录的视频。我们就是跟他学的，才扇了玲玲的耳光。"

王老师看完后目瞪口呆，看来这个视频的事情王老师也是第一次看到。我用手机把孩子手表上的视频录了下来，然后让他删掉了手表上的视频。我怕他不懂事，到处给人看。接着，我问他们两个："这孩子欺负你们，你们告诉家长了吗？"

小海说："他跑得特别快，要是知道我们告家长，他肯定会更加欺负我们。再说家长也不能一直跟着我们，家长一走，他还会打我们的。他不仅打我们，还问我们要钱。"

孩子有孩子考虑问题的角度和道理。

但是这件事的性质太恶劣了，我必须立即处理。

关于玲玲的事情，王老师已经处理得差不多了，我需要请小海和小强的妈妈来一趟。

当我把事情的经过告诉这两位家长，并播放视频和照片给她们看的时候，小海妈妈的眼泪哗哗地流了下来，一边哭一边说："这孩子怎么不知道保护自己啊……怪不得小海经常问我要钱，说要去小卖部买东西给同学们吃，原来都是给这个小孩的。真的没有想到，孩子这样受欺负……"

我告诉她，我已经和春风学校的校长取得了联系，请他们协助教育他，并要求他们家长带着孩子给小海道歉。小海妈妈这才止住了哭，连忙道谢……

个案分析

这个案例算得上是一个案中案，第一起玲玲的事件是一次偶发事件，第二起是典型的校园霸凌。它们的共同点是受欺负的孩子都是因为对方太强大，不敢告诉老师。玲玲是回家哭，不敢上学，然后妈妈觉得不对劲儿才和老师沟通情况。小海的事幸亏有这个视频，才让我们看到了更严重的霸凌行为。

校园霸凌其实一直都存在，只是程度不同。这件事最让我感到震惊的是打小海的孩子也只是三年级的小学生，但是霸凌行为非常恶劣，拍裸照、拍视频、扇耳光、要钱，这些行为是我们在新闻里看到的青少年霸凌事件中才有的情况，而现在二三年级的小学生就有了，太触目惊心了！

学到什么

　　校园霸凌这件事在学生中长期存在，可是常常被家长们忽视。

　　校园霸凌指的是霸凌者（一个或一群人）对被霸凌者进行伤害的行为。有一对一的，也有几个人欺负一个人的团体霸凌。

　　校园霸凌的形式多种多样，现在主要讲以下四种。

1. 暴力霸凌

　　暴力霸凌是指在肢体上侵犯、欺凌对方，这是最常见的形式，但人们常常会误以为是小孩子之间的打闹。小海只是刚上二年级的小孩子，隐约觉得对方这样做不对，但并不知道这件事情性质恶劣，也没有对妈妈说，这件事就这样在小海妈妈的眼皮底下发生了。

2. 言语霸凌

　　言语霸凌是指辱骂、嘲弄、恶意中伤。在学生当中，出现情况最多的就是给孩子起外号，很多孩子在班级里都有外号。大人们也常常不以为意，觉得是孩子在玩。但是这会给个别内心敏感的孩子带来很大的心理压力。进入青春期的孩子，如果自我价值感很低的话，即使无伤大雅的外号也会激起孩子内在强烈的情绪反应，从而引发打架等冲突事件。我曾经处理过一个六年级孩子因同学叫他外号，一气之下，搬起凳子要砸对方的事件。

3. 社交霸凌

社交霸凌是指在团体活动中故意孤立或排挤某人，造成人际关系的对立。比如，在班上故意孤立某位同学，不许其他同学和他玩。这种行为会造成孩子心理上的伤害，让他觉得很孤独无助，同时也不敢告诉老师。

4. 网络霸凌

现在孩子的网络使用范围很广，各种社交软件让网络交友成为很多孩子普遍使用的交友方式。很多孩子通过各种网络群落互加好友，有的是游戏大群中加的好友，有的是漂流瓶、摇一摇的好友，名堂众多。孩子们觉得好玩，可是常常由于缺少社会经验而出现各种问题，轻的在网络上被骂、被侮辱，重的见网友被骗钱、遭遇欺凌等。

在现实生活中，孩子常常会同时遭受这几种霸凌，既在身体上遭受殴打、攻击，又被语言侮辱、中伤，还遭到孤立和排斥。如果是本班的同学霸凌，那么这个孩子在上学期间，包括放学的时候都会遭受极大的心理压力。如果这些霸凌的同学还索要钱财，那对未成年的孩子来说心理压力更大。因此，妈妈们平时一定要注意观察孩子是否遭遇霸凌。

　　那么，妈妈如何觉察孩子是否被欺凌呢？有一个最简单的办法就是孩子突然不想去上学了，或者讨厌上学。就好像案例中的玲玲，不愿意上学，就是遭遇霸凌的一个重要信号。

　　同时，妈妈也要留意自己家的孩子是否在霸凌别人。霸凌别人对孩子的危害也同样很大，因为孩子如果用暴力解决问题成为习惯，那么他的正常人际交往肯定会受到影响。

　　校园霸凌在各个国家都存在，为什么有些未成年孩子喜欢霸凌别人，其根源在哪里呢？

1. 家庭因素

　　在原生家庭中，父母不恰当的教养方式很容易使孩子成为霸凌的施暴者。在家里遭到父母体罚，或者目睹父母之间暴力行为的孩子，更容易有一些攻击性的行为，喜欢欺负别人，这在学生中间是比较常见的现象，因为孩子在家里学会了用暴力解决问题。

　　而遭遇霸凌的孩子也往往和家庭教养方式有关。男孩子在家里被父母过度保护，女孩子在家里遭受情感虐待，这样的孩子都容易成为霸凌的对象。

2. 教师、同学和伙伴的影响

　　孩子上学后，受教师和同学的影响很深。如果教师经常体罚孩子，孩子就会模仿；如果身边有人这样做，孩子也会模仿。本章案例中的小明和小海就是在模仿另一个男孩的行为。

3. 受影视作品、网络游戏的影响

孩子们看到影视作品中的暴力镜头或网络游戏中的暴力画面，也会进行模仿。

校园霸凌对孩子的身心造成了极大的危害。

一是在身体上，使孩子遭受不同程度的轻伤或重伤。严重的，会留下永久性的后遗症、伤残，甚至造成死亡。

二是在心理上，造成孩子恐惧、消沉、抑郁、忧虑、厌食等。而且还会留下创伤后遗症，如人格分裂、人格扭曲、价值观错乱、失去对人性的信任等。

三是在行为上，被霸凌的同学可能会出现吸毒、酗酒、自残、自杀、厌学、逃学、反社会、欺凌等行为。

四是在学习上，出现缺席、旷课、退学、逃学等行为，失去对教师的信任与尊重，失去与同学间的和谐关系。

2018年，陕西米脂某中学发生的杀人案件，造成九人死亡，就是当年被霸凌的学生毕业后遭遇逆境，转而成为霸凌者实施的惨案。

那么，应该如何防范校园霸凌呢？

一是父母不能纵容孩子，让孩子成为霸凌者。有些父母抱着不能让孩子吃亏的心态，觉得只要别人不打自家孩子，自家孩子打别人最多道个歉就行了，结果纵容孩子成为霸凌者。

二是父母要注意孩子的伙伴，仔细观察，主动和孩子聊一聊他们都在玩一些什么游戏，要把霸凌和正常的游戏区分开。

三是注意孩子在网络上的交友活动，留意孩子的谈话记录，告诉孩子在使用网络时行为的边界在哪里，以及如何保护自己等。

教养直播间

我问小明和小海："告诉老师，你们觉得自己是好孩子吗？"

两个孩子摇摇头："我们是坏孩子，我们欺负玲玲。我们错了。"

我把他们两个紧紧搂住，坚定地说："老师告诉你们，你们是好孩子，你们永远都是好孩子，你们只是做错了这件事而已。"

孩子的手臂有小刀划出的伤痕

个案回放

今天来到咨询室的是小雨妈妈。看到她，让我想起第一次见到她的情景。那是一个下午，我到一所小学进行家庭教育讲座。刚走出教室，就听见有人喊"小棠老师！"我转过头一看，是之前在听讲座的一位妈妈，她听得特别认真。也许讲座中的有些内容触动了她的内心，虽然听讲座的人很多，但是我仍然留意到了她。她走到我面前，有些犹豫地表达了想要咨询的愿望，于是就有了这一次的面谈。

小雨妈妈身材娇小，精致得体的套装、出众的气质，让她在人群中很容易被人看见。落座后，小雨妈妈开始讲起了小雨的事。

"我和小雨爸爸是在美国留学的时候认识的。结婚后，由于家里老人需要照顾，我们便选择了回国发展。我们两个在事业上都比较成功，小雨的爸爸是公司的董事长，我在单位也发展得很好。可就是小雨让我很担心。之前有一次，我发现她的胳膊上有一道伤痕。我问她怎么回事，她说没什么，我也没太在意。可是前几天，我发现她的胳膊上又增加了几道很明显的伤痕。我怀疑她在自残。我很担心，也很害怕，我没有想到孩子会这样，有点不知所措。"

又是一个自残的孩子，现在自残的孩子越来越多。每次听到这样的案例，我都会觉得十分心痛。

"你发现孩子在生活中遇到什么难题了吗？"

小雨妈妈叹了一口气："生活上好像没有，我们家里条件还可以，她在物质上的所有要求都能得到满足，就是小雨之前学习一直还不错，但是从五年级下学期开始，成绩就在下降，特别是数学。我很着急，我从小自尊心很强，我和她爸爸都是留美的高才生，可是孩子的数学连90分都考不到，真的很丢人。"

"你经常对孩子说'你学习这个样子，妈妈觉得很丢人'这样的话吗？"我问。

"看到她的数学成绩这么差，有时候我就会气得忍不住说这样的话。真的是很丢脸啊……"

案例分析

从这个案例中我们可以看到，小雨的父母非常优秀，也很爱面子。当小雨成绩下降时，他们首先的感觉是很丢脸，不想让别人知道。小雨的妈妈聚焦于自己的面子，却忽略了孩子的感受，给孩子造成了很大的压力。当孩子的内心很痛苦时，就选择用自伤的方式来降低内心的痛苦。

学到什么

近年来，在学生中发现自伤的案例越来越多，严重威胁着孩子的身心健康。自伤具体是指在不稳定的情绪中伴随明显的自我伤害之类的激越行为。自伤方式包括：用小刀划伤自己、用针扎自己、拽头发、头撞墙、打自己、咬嘴唇等。

需要明确的是，自伤不是自杀。有自杀行为的孩子多数有抑郁症，而自残的孩子中有一部分有抑郁症或抑郁倾向。特别要注意的是，有自伤行为的孩子，其自杀风险是普通人的数百倍。

自伤行为在小学高年级学生和中学生中比较多见，多发于青春期，在小孩子和成年人中则相对比较少见。在自伤的孩子中，有一些是出于好奇而模仿别人，有的则是真正的自伤。

自伤者常常伴随着许多负面情绪，如沮丧、绝望、愤怒、焦虑、痛苦等。自伤的孩子其实特别善良，虽然在引起孩子自伤的原因中很多是父母错误的养育方式，可即便如此，孩子内心仍然很体谅父母。他们努力给父母的错误行为找各种借口和理由，替父母辩护。这些孩子内心很孤独，不敢对父母说出自己的真实感受和想法，只能自己一个人在黑暗中挣扎、苦撑。当被压抑的负面情绪涌出来要将其吞没时，孩子就会用自伤行为舒缓压力，甚至用自伤来压抑自杀的愿望。

我在和一些自伤的孩子交谈时，她们会说："我会用手揪自己的头发，或者用小刀割手臂，看见流血我心中的痛苦就会减轻，我快要崩溃的心也能安静下来……"你能想象当一个外表非常文静的小女孩泣不成声地说出这样的话时，是多么令人心疼吗？

在自伤中，比较头疼的一点是有些孩子会自伤成瘾，一般会持续好几年，成为一种强迫性的行为。孩子在理智上知道这样做不对，可是行为上却不能控制自己。而且随着内在痛苦的加深，自伤程度也会越来越严重。也就是说，最开始，可能轻轻划伤一点皮肤，只划一道伤。之后，这点疼痛不能镇压心中的痛，孩子就会划得更深。所以，如果家长发现了孩子在自伤，一定要加以重视，尽早找心理医生或者去精神科就诊。

那么，孩子为什么会自伤呢？从与自伤孩子的交流中发现，他们的内在心境是这样的。

第一，想要摆脱一些东西，比如悲伤抑郁的情绪，羞耻的感觉，无助、无望的感觉等。

第二，现实中遇到了困难，比如学习的压力、人际关系的压力、遭到校园霸凌、没有人关心自己等。

第三，对依恋的人感到愤怒和失望，对象可以是父母，也有可能是孩子恋慕的异性。很多中学生自伤和失恋有关。

面对自伤的孩子，家长可以做些什么呢？

1. 不要给孩子太多压力

在与自伤孩子的父母交流的过程中，我发现他们中有一些人对自己的要求非常高，同时把这种高要求也带给了孩子。本案例中小雨妈妈就是这样，因为自己很优秀，自尊心非常强，所以要求孩子也要特别优秀。

对于大多数父母来说，孩子能考90分也算是很好的成绩了，但是小雨妈妈却觉得太差了，接受不了。孩子生活在一对学霸父母的阴影下，面对妈妈的高要求，难以自信起来，也难以快乐起来。

2. 多关注孩子情绪的变化

很多父母把注意力都放在孩子的学习成绩、具体分数上，却忽略了孩子是一个人，他的喜怒哀乐需要父母的看见和理解。可现实是，当父母说起孩子的学习时，常常是在发泄自己的负面情绪，表达自己的愤怒、失望等。孩子呢？当孩子小的时候，会哭，会说"不要妈妈""不爱妈妈""要换一个妈妈""坏妈妈"。孩子有时候都已经气得说话上气不接下气了，很多父母却还把孩子说的这些话当成是玩笑话，并不在意。等孩子渐渐长大，就不再愿意表达自己的感受了。当父母说孩子的时候，孩子面无表情地呆坐着，孩子已经关闭了和父母交流的通道。于是，很多父母在发现孩子自伤后都很惊讶，他们根本想不到孩子会这样。

3. 教给孩子健康的发泄负面情绪的办法

父母可以教给孩子一些健康的发泄情绪的方法。我们首先要知道喜怒哀乐是人之常情，情绪并没有好坏之分，生气、发怒都是正常的情绪表达，都是被允许的。但如果愤怒的时候我们大喊大叫或者摔东西，就很容易伤着自己和别人，妈妈可以告诉孩子更健康的疏解情绪的方法。

第一，可以教孩子在不影响他人的情况下，通过大声唱歌或大喊来缓解自己的情绪，从而让自己感觉很痛快。

第二，可以教孩子通过运动，如打球、跑步、做游戏等来减压。运动能促进体内多巴胺的分泌，多巴胺可以让人感到快乐。以前的孩子小时候也没少挨打，跑出去和小伙伴们玩一玩就好了。可是，现在的孩子课业负担重，没时间也没有那么多机会玩，整天都窝在家里学习、写作业，因此负面情绪就容易积压。

第三，可以教孩子学会用文字把心里话写下来，写在日记本上，发至微博、QQ空间或朋友圈上也是好办法。

当然，父母教给孩子的这些方法，自己先要学会运用，给孩子做好身教示范。

教养直播间

小雨妈妈通过与各科老师进行更广泛的交流后，才知道在大家的心目中，小雨是一个很优秀的孩子，看来是自己对孩子的要求太高了。她决定放下自己的高标准，用爱陪伴小雨成长……

孩子又离家出走了

周一的清晨，我正在学校门口值周。在上学的人群中，一个瘦小的有些驼背的老太太走到我面前，用一口浓重的外地口音问我："老师，我想把五年级一班小豪的书包拿回去，我能进去吗？"我有点纳闷，这一大清早的，孩子们正是上学的时候，怎么要拿回书包呢？

老太太似乎看出我的疑问，脸上的皱纹拧到了一起，说道："小豪周六离家出走了，还没回家，我想先把书包给他拿回去吧。"

"啊！孩子离家出走，两个晚上没回家，你们找了吗？"

"找了，他爸爸都找了，没找到。我先把书包给他拿回去吧。"

孩子离家出走是很大的事情，可是老太太看起来这么平静，这让我很诧异……

给老太太拿完书包，我连忙找来孩子的班主任李老师，给小豪爸爸打电话问明情况。

由于电话开着免提，我清楚地听到小豪爸爸和李老师的对话。

"小豪爸爸好，刚才小豪奶奶来学校给小豪拿书包时，听说他离家出走了，两个晚上都没有回家，是吗？"

"哦，是的。"小豪爸爸懒洋洋的语气比小豪奶奶的冷静还显得更加不在乎。

李老师继续问道："那你们报警了吗？"

"待会儿吧。"小豪的家人依然不着急，真是太奇怪了！

李老师问了事情的起因才知道，原来周五的时候，小豪在家不好好写作业，他爸爸打了他一顿。周六下午，小豪说要下楼玩，之后就再没有回家。

我问李老师："对于孩子的出走，这家人怎么这么淡定，不符合常理啊？"李老师说："小豪父母离婚了，他爸爸和奶奶带着他，孩子之前也离家出走过两次，后来都是自己平安回来了，他爸爸可能已经习惯了吧。"

"原来是这样。"

　　他爸爸这么放心，但我们不放心啊，我们连忙给派出所报了警，又派几位男老师在学校和孩子家附近找小豪。不论怎么样，要把孩子先找回来再说。

　　十点多钟，派出所打来电话，说小豪找到了。原来小豪离家后跑到了城南。他只知道他爷爷在城南一个小区当门卫，就坐了公交车去，看见小区就去找，饿了就买一点面包，晚上就睡在楼道里。直到周一早上被小区保安发现，报了警。

　　至此，我们心里的一块石头总算落了地。

　　当天下午，我请小豪爸爸来学校，我想要了解更多情况，也怕他教育方法不当，再打孩子，或者伤害孩子。

　　比约定时间晚了十分钟，小豪爸爸来了。一个胡子拉碴的瘦高男人，走路疲疲沓沓的，整个人像被一股沉重的力量往下拉拽着似的。我请他坐下，请他先说一说家里的情况。

　　小豪爸爸以一种无精打采的语气开腔了："老师啊，我这个孩子调皮得很，不好好学习。现在还惯出毛病了，不能打，一打就跑。真把人气死了！"

　　"小豪离家出走后，你不担心他在外面遇到危险吗？"

　　"我着急啊，也很担心。但如果他一跑我就去找他，他就得意了，以为这一招能拿得住我。我就想让他在外面受受苦，下次就不敢了。"

小豪爸爸这样说自有他的道理，虽然有点奇怪，但却让我看到一点父爱的曙光，只要有这点光，他就有改变的可能……

我问小豪妈妈的情况，他犹豫片刻，头扭向一边，用手挠了几下头皮，说道："这咋说呢，我一般自己的这些事儿不跟人说，就是朋友也不太讲……"

"我无意打探你的隐私，但是如果我能了解得多一点，也许可以更好地帮助你和孩子。"我温和地告诉了他我的立场。

小豪爸爸犹豫了一会儿，轻轻地叹了口气，说道："在小豪一岁的时候，他妈妈和别人跑了，我那时候很恨他妈妈。我们十八岁就认识了，结果都有了孩子了，就因为那个男人比我有钱，她就跟人跑了，连孩子也不要了。我几年都没缓过劲儿来。后来，我又再婚，生了一个女儿，因为她和小豪相处不到一块，我只好把小豪送到他奶奶家。去年我和她也离婚了，现在我和我妈带着小豪住在一起……"说完这些，小豪的爸爸舒了一口气，好像把积压了多年的心里话都说出来了。

听了这些，我才找到这个年轻爸爸无力感的来源，接连遭受生活的打击，他已经没有更多精力去管这个调皮捣蛋的孩子了。

"那你现在回头去看第一次离婚，你有什么感想呢？"

"以前我觉得都是她的错，可是当我第二次离婚之后，我才慢慢地觉得是不是我错了。因为她们最后说的话都一样，说我不爱她。怎么可能不爱呢，我觉得我很爱啊！我第二任妻子和我吵的一个原因是她晚上九点多下班，老让我去接她。我是开出租车的，还要跑我的生意，九点多又不晚，干吗非要让我去接她。她这么大的人了，自己可以走啊，应该自己好好锻炼锻炼，结果她就说我不爱她，慢慢地矛盾越来越大……"

听他这么一说，我终于找到问题的根源了。

个案分析

小豪爸爸的头脑中有些奇怪的观点和道理，导致和他最开始交流的时候很费力。当他后来看到两次失败的婚姻和孩子的调皮与他自己不懂得表达爱有很大关系时，他才幡然醒悟。

其实他很爱小豪，也很担心小豪的安全，可是他的行为让别人根本看不出来他对孩子的爱。而他的这个问题也来自他的原生家庭。他的妈妈，也就是小豪的奶奶，就是这样的人，面对小豪的离家出走，心里着急，表面却很平静，不表现出来。所以，小豪爸爸无论是对妻子还是对孩子，都在用自己的方式爱他们，可是这种爱的方式对方接收不到，只能感受到他的冷酷和漠不关心，因而两任妻子和孩子都要离他而去。

学到什么

分析了这个案例之后，我们来学习一下如何提高爱商。

爱商LQ，Love Quotient的缩写，具体是指人在爱情、亲情、友情等情感关系中的处理能力，指一个人了解爱本质的程度和正确地接受和表达爱的能力。

这些年，人们对爱商的关注度越来越高，爱商与智商、情商和财商是当代人追求幸福的四大重要能力。可是在我们现行的教育中，孩子们几乎是学习不到如何提高爱商的。我们能看到许多孩子，学习成绩很好，但是爱商很低，致使生活出现很多问题。这真是一件很糟糕的事情！

很多家庭中教育问题的出现都与爱商不足有关。因此，教给孩子怎么去爱，提高孩子的爱商，是父母的一个重要责任。

1. 爱箱

精神科医师罗斯·坎贝尔博士提出过一个概念，叫作"爱箱"，爱箱就像汽车的油箱一样，保持适量的汽油才能让汽车全速前进。他进一步解释说："在每个孩子的心里，都有个'情绪的箱子'等着被爱填满。当孩子真正感觉到被爱，他才会正常地成长。但是，当爱箱空了的时候，这孩子就会出现问题行为。孩子们多半的问题行为是被'空箱子'激发出来的。"

也就是说，当一个孩子的内在被爱填满后，他才能找到归属感。这个爱箱其实就是能够给孩子提供营养的充满爱的土壤，只有找到了这片土壤，孩子才能扎下生命的根，进入成长状态，发展出完整的人格，从而健康快乐地成长。相反，当孩子内心没有被足够的爱填满时，他的生命仍然处在求生存的状态，他终身都会寻找这片有爱的土壤。遗憾的是，很多人一生都没有找到，所以一直都处在求生存的状态，难以发展出完整的人格，以致在情绪或者社交上出现问题。

当我问小豪爸爸："能感受到你妈妈对你的爱吗？"他苦笑了一下："那个时候，只要把娃养大就行了，有几个父母懂得这些呢？"这个回答，一点也不意外。从小豪奶奶的异常冷静中，已经可以猜测到，小豪爸爸在小时候也很难感受到妈妈的爱，他的爱箱本身就是空的。

现在怎么办呢？我教给小豪爸爸使用"空椅子"技术，在空椅子上放一张自己小时候的照片，和小时候的自己进行对话，抚慰曾经孤独缺爱的小男孩，疗愈曾经的自己。

当自我疗愈的工作做好了，将自己爱的蓄水池填满了，然后就可以进行下面的部分。

2. 爱的五种语言

在生活中，几乎每个父母都非常爱自己的孩子，愿意为孩子付出一切甚至是生命。可是，在咨询室里，我常常听到很多孩子说父母并不爱自己。这个案例中的小豪就是如此，他根本感觉不到父亲真的爱他。

当父母知道孩子竟然是这种感觉时，觉得很委屈、难过。明明自己已经付出了那么多，牺牲了那么多，却得不到孩子的认可。造成这种现象的一个原因是：家长对孩子用错了爱的语言。

盖瑞·查普曼博士曾经提出爱的五种语言，也就是人们表达和感受爱的五种方式，它们分别是：（1）肯定的言辞；（2）服务的行动；（3）接受礼物；（4）高质量的陪伴；（5）身体接触。

我们每个人都有自己最喜欢的爱的语言。如果家长表达爱的方式与孩子感受爱的方式不一致的话，就好像彼此之间在说不同国家的语言，鸡同鸭讲一般，孩子很难听懂，自然也感受不到父母的爱。

父母如何才能知道孩子最喜欢哪一种爱的语言呢？对于

大一点的孩子，家长可以直接通过对话了解。当孩子太小，表达不清楚或者父母和孩子关系紧张，孩子不愿意和父母讲话的时候，家长需要用心观察找到答案，可以采用以下三种方法。

（1）你怎么做的时候他特别开心？他喜欢你经常抱抱他还是喜欢你精心挑选的礼物？他喜欢和你一起共度快乐的时光还是得到你的肯定和鼓励？

（2）他经常提出的请求是什么？这是很明显的观测点。

（3）他经常抱怨什么？比如，"妈妈，您说带我去公园都没有去。""我过生日为什么连个礼物都没有？""您总是批评我！"孩子的抱怨也许会让父母不开心，但这最能表明孩子的主要爱语。

比如，如果孩子爱的语言是高质量的陪伴，而妈妈爱的语言是服务的行动。妈妈会不停地帮孩子做事，每天精心烹制美食，收拾房间，洗衣服，甚至帮孩子挤牙膏、系鞋带等。妈妈觉得这些就是表达爱孩子的最好方式。但这并不是孩子想要的，孩子只想要妈妈每天能多读绘本给自己听，而不是总看到妈妈忙忙碌碌的身影。所以，在这种情况下，妈妈虽然付出很多，孩子却很难感受到被爱。

下面我们来看一看每种爱的语言，孩子具体会有怎样的表现，家长可以做些什么。

（1）肯定的言辞。

孩子听到父母的肯定和鼓励特别高兴，这些话好像家长再怎么说，孩子都听不够似的。同时，孩子也喜欢对家长说"您真好！""您做的饭最好吃！""妈妈最爱我了！"等夸奖父母的话。

对于这样的孩子，家长可以这样做：经常对孩子说"我看到你很努力""你的自律水平提高了很多啊"等肯定鼓励的语言；可以给孩子写一些便签，写下你对孩子肯定赞美的话语；在朋友、家人聚会时，当着大家的面多鼓励、表扬孩子。

（2）服务的行动。

孩子特别喜欢让父母帮他做一些事情，尽管这些事情他自己也会做。例如孩子经常请求你帮他整理房间，准备第二天穿的衣服等。他经常会说"帮我拿一下书包""帮我倒点水吧"。

对于这样的孩子，家长可以这样做：在孩子提出需要帮助的时候提供适当的帮助，为他做一些事情；注意不要答应孩子的一切请求，有的时候可以告诉孩子自己手头也有事情在做，让他自己完成；要注意区别这样的请求是被骄纵的孩子在操控父母还是孩子表达的爱语，如果是前者，父母要改变育儿的方式。

（3）接受礼物。

孩子在拆礼物的时候心情激动又小心翼翼，收到礼物后会很珍惜。例如，孩子会把妈妈送的洋娃娃放在固定的地方，经常拿出来玩，保持娃娃的整洁。孩子在收到礼物很长时间后还记得妈妈曾经送的礼物。

对于这样的孩子，家长可以这样做：注意观察孩子在生活中曾经流露出喜欢什么东西，条件允许的话，在适当的时候送给孩子；礼物不需要贵重，也不一定都是买来的，关键是父母要用心准备。

（4）高质量的陪伴。

孩子特别想要父母陪他一起踢足球、下棋、做游戏，或者一起去郊游、爬山等。在这种时候，孩子会表现得特别开心。

对于这样的孩子，家长可以这样做：每天抽出10分钟左右的时间放下手中的一切和孩子一起做他喜欢的事；如果家里有两个孩子，父母要分别和每个孩子都有单独相处的时间；当孩子犯错的时候，别把他一个人关在房间里，要陪伴在孩子身边。

（5）身体接触。

孩子希望父母经常拥抱自己、亲吻自己。出去的时候喜欢拉着父母的手或者依偎在父母身旁，喜欢和父母在身体上亲近和接触。

对于这样的孩子，家长可以这样做：每天早上起床和睡觉前抱抱孩子、亲亲孩子；增加和孩子的身体接触，比如牵手、击掌、摸摸头等；和孩子一起玩有身体接触的游戏；当和孩子发生矛盾时，可以问问他是不是需要拥抱。

需要说明的是，随着孩子的成长，孩子爱的语言会在表现形式上发生变化。例如，孩子小的时候可能很喜欢和妈妈亲亲抱抱，长大后可能改变为喜欢妈妈充满关爱的眼神、握自己的手、拍拍自己等。所以父母要不断调整自己，跟上孩子成长的步伐。

教养直播间

这次谈话对小豪爸爸触动很大，他答应我回去以后要和孩子好好谈谈，找到孩子爱的语言，用孩子喜欢的方式来爱他。事实证明，他说到做到了，小豪直到小学毕业，也没再离家出走过……

　　这本书终于写完了，这是我人生中写的第一本书。感谢身边人对我的支持。这本书特别适合对心理学感兴趣的家长们读一读。书里囊括的内容比较丰富，涉及了养育孩子过程中具有代表性的一些问题。

　　如果妈妈们能把这本书中的理念和方法都掌握了，正常情况下对养育孩子来说就够用了。因此，建议你把这本书先读一遍，建立一些基本概念和印象，然后放在书架上，遇到一些具体问题的时候再拿出来，像查字典一样，也是很好的。

　　最后，给大家分享一首纪伯伦的诗作为本书的结束。

　　你的儿女，其实不是你的儿女。

　　他们是生命对于自身渴望而诞生的孩子。

　　他们借助你来到这世上，却非因你而来，

他们在你身旁，却并不属于你。

你可以给予他们的是你的爱，却不是你的想法，

因为他们有自己的思想。

你可以庇护的是他们的身体，却不是他们的灵魂，

因为他们的灵魂属于明天，属于你做梦也无法到达的

明天。

你可以拼尽全力，变得像他们一样，

却不要让他们变得和你一样。

因为生命不会后退，也不在过去停留。

你是弓，儿女是从你那里射出的箭，

弓箭手望着未来之路上的箭靶，

他用尽力气将你拉开，使他的箭射得又快又远。

怀着快乐的心情，在弓箭手的手中弯曲吧，

因为他爱一路飞翔的箭，也爱无比稳定的弓。